华为双向指挥系统
——组织再造与流程化运作

习 风 著

清华大学出版社
北京

内 容 简 介

本书是一部研究华为管理方法的著作，通过一个简单的双向指挥原理，推演出华为管理体系的各种特征，从而给读者提供一个深刻理解华为管理方法的思路和脉络。

华为之所以能够成功实施各项变革，蜕变成世界一流公司，首先在于改变了管理的基本逻辑，即管理权与指挥权分离，突破科层制权力的束缚和制约，构建流程型组织平台，让员工在"以客户为中心"的指导思想下自我驱动工作。如果不注意这一点，在传统行政体系下学习和践行华为管理方法，只能取得肤浅的认识和微乎其微的效果。为此，作者将其与当代管理理论进行对比论证，并指出华为管理方法在世界范围的先进性所在。

本书适用于对企业组织管理和华为组织管理方法感兴趣的政府、企事业单位各级管理人员，人力资源管理从业人员，高校经济管理系教师、学生作为参考借鉴。

本书封面贴有清华大学出版社防伪标签，无标签者不得销售。
版权所有，侵权必究。举报：010-62782989，beiqinquan@tup.tsinghua.edu.cn。

图书在版编目（CIP）数据

华为双向指挥系统：组织再造与流程化运作 / 习风著. —北京：清华大学出版社，2020.10（2022.2重印）
　ISBN 978-7-302-56497-3

Ⅰ. ①华… Ⅱ. ①习… Ⅲ. ①通信企业－企业管理－管理信息系统－研究－深圳 Ⅳ. ① F632.765.3-39

中国版本图书馆 CIP 数据核字（2020）第 182556 号

责任编辑：	贾小红
封面设计：	秦　丽
版式设计：	文森时代
责任校对：	马军令
责任印制：	宋　林

出版发行： 清华大学出版社
　　　　　网　　址： http://www.tup.com.cn，http://www.wqbook.com
　　　　　地　　址： 北京清华大学学研大厦 A 座　　　　**邮　　编：** 100084
　　　　　社 总 机： 010-83470000　　　　　　　　　　**邮　　购：** 010-62786544
　　　　　投稿与读者服务： 010-62776969，c-service@tup.tsinghua.edu.cn
　　　　　质量反馈： 010-62772015，zhiliang@tup.tsinghua.edu.cn

印 装 者：	涿州市京南印刷厂
经　　销：	全国新华书店
开　　本：	170mm×240mm　　印　张：14.25　　字　数：243 千字
版　　次：	2020 年 11 月第 1 版　　印　次：2022 年 2 月第 3 次印刷
定　　价：	69.00 元

产品编号：087255-01

我静心阅读了习风先生所写的《华为双向指挥系统——组织再造与流程化运作》书稿，感觉这是一本很有意义和价值的书。

因为最近十几年来，华为的质量与流程 IT 部门支撑了华为全球庞大业务系统的高效运营，为华为公司业务的高速发展做出了重要贡献。流程管理是华为存在和发展的重要支柱。流程的组织架构和运营是华为管理宝库中可以看得见摸得着的精华，也是学习华为管理经验的重要抓手。华为 2012 实验室技术思想研究院有一支专门研究华为管理思想的强大团队，写过许多关于华为管理的著作。"蓝血十杰"和许多华为人也写过不少文章、专著和回忆录，但大多数都是从管理哲学、企业活力之源和华为兴衰过程等宏观层面写的。像本书这样专门论述华为组织与流程关系的书尚不多见，而这正是渴望学习华为管理经验的人所迫切需要的。

流程再造不是新问题，早在 20 世纪 90 年代，美国管理学者 Michael Hammer 和 Jame Chanpy 就在《企业再造》一书中系统提出了企业流程再造的理论和方法。后来美国和中国的管理学者相继出版了不少流程再造的专著，并在许多企业中得到实践应用，取得显著成效，IBM 公司便是其中之一。华为于 1997 年开始学习 IBM 的管理，进行流程再造，经过十多年的磨合，在理解消化的基础上，结合本公司的实际情况，与组织变革相结合，做了许多补充、改进和创新。而近几年来，华为在数字化转型中，在流程智能化管理方面有了更多创新。

以华为成功的管理实践为对象，研究流程与组织之间的关系，探讨这种关系背后的管理逻辑以及不同逻辑下的管理意识、管理思维、管理行为和管理绩效，是本书的主要内容、重要特点和价值所在。

华为在组织与流程方面的成功管理实践，不仅对华为具有非常重要的意义和价值，对新时代的管理理论的创新和更多企业的实践探索同样具有重要的意义和价值。习风先生从实践与理论两个方面对华为组织与流程关系的剖析，为我们提供了很好的了解、学习和借鉴华为管理经验的机会，所以我愿意把此书推荐给想了解、学习华为管理的读者，以及对组织与流程关系有研究兴趣的读者。

人们对管理理论和管理实践的探索是无止境的，本书在华为组织与流程关系的研究上提供了一家之言，也有诸多值得商榷、深入探讨但又极有意义的地方，更何况华为的管理实践还在不断地丰富、深入与创新，有更多的探索在等待着我们。

让我们共同探索管理的真谛！

周三多

南京大学荣誉资深教授

2020 年 6 月 16 日于新西兰

序二

喜欢读书的人往往有这样的体验：读到一本好书，一是醒脑，甚至是脑洞大开；二是润心，常常会心一笑；三是开胃，欲罢不能；四是解渴，难忍一饮而尽的爽快。读习风先生的专著《华为双向指挥系统——组织再造与流程化运作》，就让我有了这般体验。

当下的华为，在中国乃至世界上备受关注。在我们为华为面对美国的全力打压昂首不屈而热烈鼓掌的时候，我一方面敬佩华为大无畏的民族精神，另一方面，我也特别想深入地了解华为的成功凭的是什么。

近年来，随着华为的发展、知名度与影响力日盛，研究、揭秘华为成功的书非常之多。但在我读过的一些书中，忠于事实、有深度、有见识的有之；比较肤浅、想象加推理的也有之；猎奇之作亦偶见。习风先生写的这本书也是介绍华为内部管理的，我读完该书，颇感惊喜，收获良多，深受书中的许多观点启发，在此与大家分享。

人们都很关注华为为什么会成功，华为的成功可以从不同的角度来解读，华为文化、任正非的个人领袖魅力、独具特色的人力资源管理体系、对研发的重视与投入、敢于花重金引进世界一流的咨询公司、坚持不懈地实施变革与创新，等等。在我看来，用这些来解释华为的成功似乎都有一些道理，但或是过于表面，或是受限于局部，或是失之于简单。总之，并未触及问题的核心，也没有从整体上把握问题的本质。

习风先生认为："华为之所以能够成功实施各项变革，蜕变成世界一流的公司，首先在于改变了管理的基本逻辑，即管理权与指挥权分离，突破科层制权力的束缚和制约，构建流程型组织平台，让员工在'以客户为中心'的指导下自我驱动工作"。习风先生的这段话让我眼前一亮，这是否就是华为成功的主要原因可能还需要再探讨,但至少对我而言是第一次看到从这个角度分析华为成功的主要原因,这也是本书的价值之所在。

首先,华为"改变了管理的逻辑",这正是华为有别于其他成功企业的地方,是华为成功的真谛。因为不同的管理逻辑产生不同的管理关系,而管理思维、管理方式、管理行为、管理过程、管理手段、管理结果都是基于管理的逻辑,是管理逻辑的体现。管理的意识理念与管理逻辑相互作用,一方面,一定的管理意识理念影响和决定管理逻辑的选择;另一方面,管理逻辑又在时时影响、改变甚至重塑管理意识与理念。

为什么那么多的企业投入大量的人力、物力和时间,真诚地去学习华为,却往往学成四不像,很难达到预期的效果与目标呢?我认为,根本原因就在于没有改变自身的底层管理逻辑。

在习风先生看来,华为改变了管理的基本逻辑,主要体现在管理权与指挥权的分离上,正是这一分离,动摇和突破了科层制权力的束缚和制约。为什么动摇和突破科层制权力的束缚与制约具有如此重大的意义与价值呢?因为科层制是几乎所有企业做大、做强、做长必须面对的体制和组织上的天花板。

我们知道,直到今天,科层制一直是国家机关、企业等众多组织的基本体制和形态,有着久远的历史。在企业发展历史上,科层制几乎是企业组织的不二选择,对企业发展起到过巨大的推动作用,足以证明科层制有其合理性与生命力。但是,随着企业规模扩大、业务品类增多、市场地域范围越来越广、客户需求与竞争越来越复杂多变,科层制的弊端日益凸显和放大。

例如,科层制体制中权力人物的个人意志被不断强化和放大,上级的指示和命令成为下级工作的目标、依据与准则,而对企业生存和发展最重要的客户则被忽视,很难真正做到以客户为中心;从上向下的授权与行权,导致组织的横向沟通与协作困难,容易形成部门墙,各自为政;资源和相应的调配决策权只存在于上级部门和领导,下级部门与岗位员工只是被动地执行,扼杀了下级部门和岗位员工的积极性、主动性与创造性,员工的自我实现等高层次需求很难得到满足,他们看不到自己在客户价值创造中的作用与贡献,也无法感受来自客户的需求与变化并做出快速响应;科层制是以组织为中心,关注的是权力在组织各个层级、各部门之间的分配,与此相对应,强调的是上对下的"统一指挥",而不太关注为客户创造价值的业务流程。客观存在的流程往往被部门所肢解、割裂，甚至用部门的职能或职责替代流程。科层制下的大企业，几乎都难逃"大企业病"——恐龙症。

进入以互联网为标志的新经济时代，从企业的外部来看，社会的政治、经济、技术、市场与客户越来越复杂多变，模糊、不确定性成为常态，对企业的反应速度、灵活性、决策效率提出了更高要求；而在企业内部，互联网带来的去中心化、信息传播的民主化以及个人与组织之间关系的变化（强调个人价值与成长、个人与组织之间的平等合作关系），使传统的金字塔型的科层制组织面临严峻的挑战。

人们在实践中早已发现科层制的弊端，也一直在寻求解决之道。像矩阵制、项目制、事业部制、企业内部"平台＋自主经营体"，以及风靡当下的阿米巴模式，都是有益的探索，也都收到一定的效果。但由于没有抓住科层制问题的本质，没有选准路径与突破口，且有诸多应用上的局限性，并未形成真正意义上的突破。

华为通过分离行政管理权与业务指挥权，构建职能管理与业务流程两条线（两个系统），在明确分工的同时又紧密协作，形成流程型组织，从科层制下的"统一指挥"变成"双向指挥"，达成"以客户为中心，通过流程的传导，驱动组织为客户服务"。这种流程型组织既不是简单地去除部门墙而横向整合或是简单地划小核算单位以期将大企业的复杂管理转变成分散的多个小企业、小组织的管理，也不是强行压缩层级扁平化，而是既要保留部门效率，又要能够跨部门高效协同。

习风先生在书中特别指出，在流程化组织中，双向指挥权中的管理权是指对资源的管理，主要是人力资源，管理者对人员调配、考核与培养等具有完全的权力；而指挥权是指运用资源完成业务目标的权力，其中资源既可以是本部门所有，也可以是其他部门所有，由此使得业务指挥权可以跨界行使，营销可以指挥研发，研发也可以指挥营销。由于每个员工被管理者派遣去做某项业务后，其业务工作要受指挥权驱使，而不是由掌管管理权的直接领导管理，这样业务活动就不会受到部门利益的干扰，部门墙的隔离作用就被大大削弱，流程得以拉通。此外，由于指挥权只是相对性的权力，每个部门为完成自己的业务工作必须通过流程来寻求其他部门的合作，获取资源，但无权通过命令的方式强制要求，由此迫使每个部门必须使自己成为一个"服务部门"，把其他的拥有资源的部门看成是"客户"，通过建设一个好的流程，提供好的服务求得各方的理解、信任与支持，并形成长期稳定的友好合作关系。

流程型组织还让去中心化成为可能。在整个决策运作机制中，最高层的意见只是一项决策体系的输入，并不能成为一项命令，决策过程自下而上，企业的不同层级都参与其中，围绕客户价值，主动寻求资源、制订规则与解决方案供上级选择。这是一种自驱动机制，循此下去就会建成无生命的管理体系。任正非先生说过："华为公司最宝贵的是无生命的管理体系，以规则、制度的确定性来应对不确定性，因为人的生命是有限的。"

的确，当一个企业的发展不依赖于领导人的个体生命长短、领导智慧与能力时，这个企业的管理才真正进入成熟阶段。相比之下，我们有不计其数企业因一人而起、而辉煌，也因一人的离去或失误以衰败告终。

从上面的阐述中我们可以看出，传统科层制的许多弊端在流程型组织中得到了很好的解决，流程型组织较以往的组织形式更具有先进性。不仅如此，它也许还会为我们实现企业基业长青的目标探索出一条希望之路。

在此值得一提的是，流程型组织塑造了与之相应的文化。例如，破除唯上文化。流程型组织以客户为中心驱动全员工作，这就使得唯上文化失去了存在的必要，以客户利益为话语权，这就是最大的权力。又如，以客户为中心，合作共赢。由于流程的终点面对的是外部的客户，但流程过程中的每一个环节或阶段则是要面对内部的客户，因此，不仅要与外部合作方合作共赢，也要与内部的相关部门共创共赢。这些意识、理念、行为，已经由外部的领导要求与制度强制变成了深入人心的自我内在要求。由此我们也就找到了任正非先生在华为提倡的"胜则举杯相庆，败则拼死相救"这一企业精神的机制与组织保障，一切原来如此！

习风先生的这本书在介绍"华为双向指挥系统，开展组织再造与流程化运作"的过程中，对前因后果、关键问题、重要价值点进行了深入的分析与阐述，其中有许多精彩而独特的观点与表述。例如，企业普遍希望培养员工的担当精神，不因循守旧、不消极推诿的员工会获得较好的职业前途，而这样的员工必将作为榜样一代一代传承下去，但这样的传承是不利于企业做大后向制度化管理转型的。又如，每一个职能部门不能只管自己部门的事情，而是应当管理好企业中所有相关自己职能的事情，因此，一个职能部门要用"长臂管辖"的方法跨部门管理。再如，在企业中，成文的流程称为"狭义流程"，那些尚未形成标准的、具有完整逻辑指导功能的流程称为未成文流程，未成文流程有时更具价值，因为它们可能更具有动态性与创新性，而成文即意味着历史与静止，因此不能轻易地以成文流程否定未成文流程。在流程型组织中，流程可以承载人的经验，只要把经验转换为规则，就可以无限累加，代代相传，甚至变为计算机的运行规则而自动执行。阵型强过盖世武功，"强领导＋弱组织"式的个人英雄主义是企业做不长、发展不稳定的重要原因，生态化的"弱领导＋强组织"可以大大减轻对领导者个人能力的依赖，防止管理者成为企业发展的瓶颈，领导者的领导方式必须发生改变，让组织机制发挥更大的作用，这是未来理想的组织状态。

  与一般介绍企业内部管理的书较多地沉浸于实操细节的描述不同，本书从理论上做了许多深入的剖析，并对传统管理理论的不足、困惑，当下管理理论与管理实践的脱节，创新突破的方向等提出了颇有见地的观点，兼具理论的高度与实操的深度。

  这本书不是管理学上的鸿篇巨制，没有复杂得连符号都让一般人看不懂的数学模型；没有故弄玄虚、玩炫耍酷，东拉西扯一大堆让人看了半天都不知所云的"天外之语"或者一无所获的"正确的废话"；也没有把特定环境下成功的华为经验无原则地包装成普遍真理，对读者进行狂风暴雨般地洗脑，强塞硬灌。它只是在对华为成功的管理实践从管理理论上做了比较全面解读的同时，又基于华为的管理实践，从面向现实、面向未来的角度，对传统的管理理论进行了深入反思和创新性的思考。我相信，阅读此书一定会获得诸多启示，同时一定会发现此书也有许多值得商榷和进一步深入研究的地方，启发我们去思考。正所谓：管理实践不会停止，管理研究永无终结。

  习风先生曾经在南京大学商学院攻读 MBA，具有扎实的理论基础和研究分析能力，我有幸作为他的导师，曾经与他深入探讨过许多管理理论与管理实践问题，他的敏思、博学、善究、务实给我留下了深刻印象。毕业离校后，他在国企、外资等多种类型的企业任职，后进入华为公司工作近十年，积累了非常丰富的实

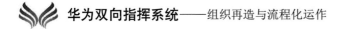

操经验,这大概是他能写出这本书的原因吧。

总之,这既是一本值得您静心阅读、深度思考、反复品味的好书,也是一本让您过了一段时间仍然能够记起或记忆犹新,甚至有再次阅读冲动的好书。我愿向各位朋友推荐、与之共享,并以此为序。

成志明

南京大学商学院教授

中国企业联合会管理咨询委员会副主任

南京东方智业管理顾问有限公司首席顾问

2020 年 6 月 20 日于南京百家湖

自 1978 年以来，伴随着国家持续的改革和开放，在国家政策、自然资源、人力资源等红利的释放下，在产品从无到有的巨大需求的推动下，在经济发展水平从人均 GDP 700 美元到近 10 000 美元的巨额财富效应的驱动下，各个行业涌现出无数优秀的企业和企业家群体，时势造就了英雄。

华为公司于 1987 年成立，作为一家中国民营企业，33 年来实现收入从 0 到 1 200 亿美元的发展，其不仅仅是业务收入保持着连续性的增长，更实现了从单一交换技术到无线等多技术研究，从单一产品到多产品线开发，从 B2B 到 B2C 全业务运营。其在管理的跨度、难度和深度等管理领域进行了重要的成功实践。华为这些年经历的创业、国内成长、国际化、全球化、全球领先五个重要时期和各阶段所面临的危机、问题和不确定性，是中国企业极有可能再次遇到的。特别是在当前面对全球产业链重击的生死危机与紧要关头，华为表现出的领袖的坚强意志、集体的组织力量和富有前瞻性的抗打击能力，更让人钦佩和激奋。

我们的大多数企业长期以来一直处于追赶国际优秀企业的状态，从国内标杆到国际标杆，一步一步地艰苦前行，边干边学，中国的企业家群体是值得称赞的。然而，随着企业的壮大，管理问题变得越来越多，需要学习的管理技能也越来越复杂，多元化思想分散了企业的精力，甚至存在不同的管理理念和方法相互冲突的现象，有时造成企业在管理实践中无所适从。此时，我们应当思考管理是否有底层逻辑，从企业自身的理想和特质出发，梳理出适合企业的管理模式，以此统一企业的经营意识，这样管理层和员工就会有所为而有所不为，聚焦于公司战略，聚焦于客户需求，聚焦于价值创造。

企业的组织管理是一个非常基础的问题，又是一个持续发展的战略和实践性问题，即如何让组织始终保持活力。组织布局来自企业治理的基本框架，组织的责任、权力和利益来自业务设计,但人们始终在探寻保持组织活力的基本逻辑,就像探索人的中枢系统是怎么传递人的思想意识、调节人的精神和行为的。企业做得越来越大,如何与组织惯性抗争,思考企业组织活力的连续性管理成为企业管理者面临的难题之一。

绝大部分企业组织的运作机制是构建在科层制基础之上的,自上而下传递行政管理指令,但这是企业患上"大企业病"的根源,即当企业规模达到一定程度后,行政指挥破坏了业务流程的连续性,造成部门割裂,影响客户服务效率和业务创新速度。而如果业务的创新能力和指挥权问题没有解决,无论运用多么先进的管理方法,都不能达到理想的效果。因此,组织的行政管理权与业务运作指挥权之间的关系是值得企业考虑的底层逻辑。

这是一个比较难以解决的问题,因为企业的组织行政管理权与业务指挥权始终难以分开,强化行政管理权容易使业务失去活力,强化业务指挥权容易使企业失去管控,如果让两种权力分开行使,又会使员工的工作陷入混乱。对此,现在管理界普遍的共识是:行政管理权和业务指挥权的主次可以取决于企业的偏好,但两者必须统一,不能出现多头管理。但真的如此吗?

本书作者习风老师经过多年的管理实践与思考,找到了另一个样本,分析了华为公司的流程型组织运作特点,为我们找到了管理权和指挥权并存的双向指挥系统,跨越了一个很难解决的组织管理难题。双向指挥是企业在保留行政管理权的基础上,把业务指挥权交给沿着业务逻辑的流程管理体系,让被科层制割裂的流程重新衔接了起来。这不同于单纯追求业务经营指挥权的组织,那种组织或许可以使企业做活,但失去企业整体的集约性管理,并不能使企业做大。而流程型组织的好处在于既能让企业做大,又能让企业做强。

流程型组织重要的特点是以规则治理企业,努力摆脱对管理者个人能力的依赖,这是企业长期稳定发展的基础。这里的规则不是个别管理者的意志,而是群体参与讨论和决策的结果,因此这种组织的管理者实际上不是个人,而是群体。这对当前的管理理论又是一种冲击,因为传统意义上的管理学是为了增强管理者作为"人"的能力,而流程型组织这种管理模式使管理者变为一个"集体",这从理念到方法都是一种全新的模式。"集体领导"的流程型组织衍生了很多新特征,可以解释为什么华为在计划、组织、协同、控制方面有那么多独到之处。所以,如果要学习华为的各种管理方法,就应当先理解流程型组织这个底层逻辑,那么再去理解华为顶

华为双向指挥系统——组织再造与流程化运作

层设计及先进的管理方法就有脉络可循了。有了这个脉络，就可以理解华为的各种管理方法为什么被称为变革，而不是一般的业务优化，因为不论是战略管理、研发管理还是营销管理，都不是一个部门的事情，都是通过流程的脉络牵一发而动全身。这有助于理解企业为什么要搞变革，变革为什么要从公司治理开始，这一点对于年营收规模20亿人民币以上、产品复杂性高、业务多元化的企业尤其重要。

这里的公司治理并非简单地建立治理结构，更重要的是运行于治理架构上的思想与机制，包含治理组织、治理格局和治理秩序的设计，其最重要的组成部分之一就是流程型组织的设计。流程型组织也并非简单地健全流程，而是企业自上而下有流程架构可循、流程层级相依、流程活动支撑，要让流程型组织行动起来，必须遵循其特有的道、法、术、器，进行系统性的建设和运营。道是流程建设要符合战略之道，符合以客户为中心的经营之道，因此要企业一把手领导，合理分配公司资源，建立科学的管理框架；法是要有科学的管理方法，主干方向清晰、末端流程灵活，管理者既能把握方向，又能抓住关键点而使经营有成效；术是流程灵活之术，末端流程及时适配具体业务，真实反映业务本质，反对教条僵化，使业务产生效益；器是要用流程带动信息技术系统（IT）建设，实现业务数字化运营，管理用数据说话，使得业务执行高效，风险可控。管理要实现现代化，管理的未来是流程产生数据，信息技术系统承载数据，人工智能利用数据决策，决策者也许仅仅辅助决策，实现经营企业智慧化。这一系列的方法在本书中也有论述，因此对指导企业流程建设和管理颇有帮助。

企业的管理目标是实现敏捷的流程型组织，企业家对企业的组织管理水平决定了企业的实战能力，因为企业间的竞争早已从个人能力的高低转为组织能力的博弈。学习华为的成功不能停留在表面上，习风老师参与了华为流程型组织的建设和管理，有二十多年在华为及其他中外企业进行流程型组织建设的实战经验，近年来又对企业组织管理进行了深度研究。本书呈现在读者面前的是流程型组织建设和管理的实战思考与理论升华，期望能够助力中国企业的管理进步。

范厚华
深圳传世智慧科技有限公司创始人
华为海外片区原副总裁

序四

　　本书作者将丰富的管理理论知识与自己在华为的流程建设和运营经验相结合，提炼出以客户为中心的、自我驱动的"双向指挥系统"概念，以此为切入点诠释华为流程化组织建设的成功实践经验，为有志效仿华为成为行业领袖的企业家和管理者们提供了有益的参考与指引。

　　流程化组织建设要从基本的业务能力积累开始。"罗马不是一天建成的"，华为公司的流程化组织建设一直都在死而生的路上不断地蜕变成长，没有终点华为流程化组织建设的起点在哪里？在华为成立之时就开始的能力积累过程中。华为以生存为底线，以成就客户为目标，根据外部环境及自身的发展变化不断如饥似渴地学习和积累，成就了自身的商业成功。在不断地学习、实践和探索过程中，华为走上了流程化组织建设的道路，未来还有更加艰难曲折的探索之路要走。

　　流程并不高深莫测，组织建设要匹配流程。对于一个企业来说，流程是天然存在的。流程是企业业务运行的客观规律，它需要企业根据自己选择的价值链、业务模式、当下及未来的业务规模去发现和定义。企业的组织要从最初不自觉地顺流而动向，自觉地匹配流程去设计和发育。随着企业的成长和环境的需要，就可能像华为一样走上流程化组织运作的发展道路。我们说流程即业务，流程是业务优秀实践的总结与积累，流程是管理者的抓手，流程是作业者的向导与助手，流程是制度与文化的载体……随着组织沿流程持续地运作，我们会发现流程中丰富的价值与内涵。流程建设是企业持续优化成长、不断适应变化的过程，也是业务运作有序化的过程。华为就是不断地因势而变，让组织与流程匹配新的形势和目标，以流程化组织运作的规划确定应对结果的不确定，从而得以适者生存并实现从跟随到超越的蝶变。

流程建设促进组织的有效协同。在组织内，流程就是要贯穿部门墙，横向拉通面向客户从需求到满足的价值创造流，纵向集成来自使能流程和支撑流程的业务交互。华为的 IPD 流程和 LTC 流程就是横向拉通、纵向集成的范例，这两个流程分别融合了战略、财经、采购、供应、交付、服务、法务、内控、质量要求，从而打破了部门墙，形成组织合力，实现以客户为中心的价值创造。这样的流程不是为了束缚作业组织的手脚而建，而是为了解放生产力而设。作业组织在日常运作中形成流程交付成果，各职能部门无须再为监管而要求作业组织额外制作报告，只需在流程中提取数据即可，从而释放一线作业组织的时间，投入以客户为中心的价值创造中去。

流程化组织运作的效率依赖于组织文化。文化是流程化组织建设的根基，组织对"以客户为中心，以奋斗者为本"的核心文化的传承与坚守是流程高效运作的原动力。流程基于"主干清晰，末端灵活"的原则，以拉动的方式从客户界面向组织内部梳理。削减由机关向一线推行流程中存在的管理冗余现象，从而建立推拉结合，以拉为主的流程化组织运作机制，剪除拉动过程中不受力的部门和人员，提高运作效率。文化的传承与坚守可以保持组织内的信任与合作，从而降低流程化组织运作成本。当一线组织的能力和组织信任度都得以提升，机关可以加大对一线授权，实现合同在当地审结时，将进一步释放一线组织能动性，有效地提高运作效率。

双向指挥系统将在"以客户为中心，以奋斗者为本，长期艰苦奋斗，坚持自我批判"的企业文化统领之下不断发展完善，让流程化组织运作为生生不息的文化增添更加丰富的内涵。

李宝旭

华为 CRM/LTC 流程管理部前部长

在举世瞩目的由特朗普政府发起的中美贸易战中,华为成为美国政府希望击毁的旗舰。然而,面对西方世界的围剿,华为不惧要挟,启动了"备胎"计划,在整体还落后的中国企业中,以一己之力担负起抵御西方政客发起的对中国科技的围攻,向世界展示了中国企业也具备非凡的实力。

然而,华为的成功也源自于西方的企业管理方法。20世纪90年代任正非在考察西方公司的管理运作后,决定要学习IBM为代表的西方企业管理方法,为此不遗余力。这条路走得不是那么顺利,因为西方企业文化与中国现实环境差异巨大,这些方法能否在中国实践成功,当时没有任何可借鉴的案例,而且,付诸实施需要使华为每位干部、员工的工作习惯发生巨大变化,这使得任正非希望的变革遇到各方面巨大的阻力。在这种情况下,说教是没有用的,任正非提出"先僵化、后优化、再固化"的方针,指导大家先"削足适履",在执行过程中体会西方管理方法的好处,再融入本土文化,形成新的现代化企业。

任正非为何看中IBM的管理方法?这与IBM经历的一次变革有关。IBM在20世纪90年代曾经经历过一次危机,患上了严重的"大企业病",在郭士纳接任CEO后,拒绝了分拆IBM的建议,而是实施一种"以客户为中心",放权于员工,以基层群体进行经营活动的策略。这样做的结果是使得企业不再受"老板"能力的局限,让员工为"客户"创造价值,这正是任正非所期望的。实践证明,华为确实从IBM取到了真经,使得华为获得了一种无与伦比的进取能力,在二十多年里攻城略地,飞速发展。

郭士纳开创的IBM管理方法有一个特点,就是非常注重实践。他们对理论不盲目崇拜,一切以可实践、可执行为标准,或者通过集体智慧探讨出新的可行方法,均纳入他们的管理体系。但是,IBM的这些实践方法毕竟是针对一家特定企业，运用到另一家企业未必适用，而华为解决这个问题的方法是聘用了大量的 IBM 顾问，参与华为业务的探讨，以他们的经验和华为实际业务相结合，这样才能让 IBM 的管理理念在华为运用起来。

当前，华为的成功已经被公认，但华为的成功能否被复制？这是存在很大争议的。很多企业已经付诸行动，例如很多企业实施了华为研发方法 IPD，但是鲜有成功案例。这里有两个原因：① 人们现在看到华为的成功是已经呈现的结果，如人力资源、研发 IPD、销售 LTC，但直接学习这些是舍本逐末，不能取得根本性的效果。② 任正非推行的变革试验在当时条件下也是一次豪赌，只是由于他深邃的目光看到了这个结局，坚定不移地走下去。这样的变革放到任何一家企业都是伤筋动骨的变化，需要考验企业家的承受力，而这不是每一位企业家都能做到的。

基于上述两个问题，本书的目的是要揭示一个华为成功过程中容易被忽视的问题——流程型组织运作，并且总结 IBM、华为在这些方面的实践，尽量让其回归到理论，希望以此能够帮助企业经营和管理者更好地理解华为管理方法的精髓，增强对管理变革的信心。

习 风

2020年9月

目录

引子　在"班长的战争"背后 /1

第一篇　组织再造——矫正企业管理的长短腿 /3

 第一章　又爱又恨的科层制 /4
  第一节　组织形式发展及科层制身影 /5
  第二节　企业成长中难以避免的长短腿 /8

 第二章　组织再造：不是创新，而是复兴 /12
  第一节　谁才是根本：流程再造 vs 组织再造？ /12
  第二节　组织再造的思路：两千年前的智慧 /15
  第三节　权力重构才能让流程回归 /18
  第四节　流程型组织及其优势 /21
  第五节　流程型组织与组织发展的关系 /25

 第三章　华为奇迹及背后的系列变革 /28
  第一节　学习IBM，不要问为什么 /28
  第二节　华为业务奇迹与组织流程变革的关系 /31

第二篇　双向指挥系统——流程型组织的管理体系基石 /37

 第四章　科层制克星：管理职能与流程责任人 /38
  第一节　不可或缺的价值链与企业职能 /38
  第二节　基于价值链的职能部门设计及意义 /42
  第三节　将是将，帅是帅，流程责任人要分开 /45
  第四节　双重权力体系的复用关系 /49
  第五节　职能权力的发挥——"你的地盘我作主" /51

第六节　管理职能回归，科层体制让位 / 53

第五章　部门的活力靠基因 / 56

　　第一节　好的部门要"掺沙子" / 56
　　第二节　继承流程基因的部门结构 / 58
　　第三节　岗位是死的，角色是活的 / 62
　　第四节　流程基因下的组织活力 / 65

第六章　流程的机制比形式更重要 / 69

　　第一节　流程型组织就是按项目运作吗？ / 69
　　第二节　没有流程，也要把业务做下去！ / 71
　　第三节　九头鸟如何做决策？ / 74
　　第四节　流程成文的原则 / 77
　　第五节　管理团队，不是议事机构 / 80
　　第六节　流程文化，永远合作的纽带 / 82

第三篇　"无生命"管理体系——企业管理的颠覆式升华 /87

第七章　经典管理学的突破 / 88

　　第一节　现代人性对企业组织形态的呼唤 / 88
　　第二节　不是"90后"出了问题，而是管理者落伍了 / 92
　　第三节　IBM，教会华为爬树的猫 / 95
　　第四节　不可忽视的华为1998 / 98
　　第五节　华为公司的管理蓝图——流程成熟度目标 / 100
　　第六节　"无生命"组织对传统管理学的突破 / 103

第八章　计划职能：不拍领导的脑袋 / 107

　　第一节　管理者，能跳出"计划控制陷阱"吗？ / 107
　　第二节　三个臭皮匠，顶个诸葛亮 / 110
　　第三节　计划协同，我们来PK一下 / 112
　　第四节　经验沉淀与迭代发展 / 114

第九章　组织职能：阵型胜过盖世武功 / 117

　　第一节　组织羸弱，何以安身？ / 117
　　第二节　组织设计不是拍脑袋 / 119

第三节　矩阵化管理，科层制的权力被瓦解了 / 121
　　第四节　既要部门墙，也要跨部门协作 / 124

第十章　领导职能：不是当好火车头 / 127
　　第一节　火车头跑不过动车组 / 127
　　第二节　去中心化的群体决策 / 129
　　第三节　园丁式领导与管理 / 132
　　第四节　确定型决策让组织变"聪明" / 135

第十一章　控制职能：后队变前队 / 137
　　第一节　事后难为诸葛亮 / 137
　　第二节　为共同目标拼死相救 / 139
　　第三节　自我批判？那是因为有利可图 / 142
　　第四节　控制工作减负是IT化的直接动力 / 144

第四篇　流程高速公路——大流程体系概述 /147

第十二章　顶层设计好，执行烦恼少 / 148
　　第一节　华为为什么重点学习美式管理？/ 149
　　第二节　从高速到县道，流程有三个层次 / 151
　　第三节　大流程：三种变革大包圆儿 / 153

第十三章　理解大流程，建设可速成 / 156
　　第一节　企业变革的四个前提条件 / 156
　　第二节　大流程体系建设五步骤 / 159
　　第三节　榜样的力量：以点向面辐射的建设原则 / 162
　　第四节　以价值链为纲 / 163
　　第五节　主干要分明，管理有水平 / 166

第十四章　三驾马车行，共建流程型 / 169
　　第一节　三权分立，各尽其力 / 169
　　第二节　像产品一样开发流程 / 172
　　第三节　流程、IT与企业架构 / 176
　　第四节　流程监督的三重防火墙 / 178
　　第五节　流程推行——没有硝烟的战争 / 180

第六节　数据的价值 / 182

第七节　流程运营，让伙夫上前线 / 184

附加篇　流程型组织孕育——中小企业流程化运作 /187

第十五章　中小企业的策略选择 / 188

第一节　中小企业的流程管理特点 / 188

第二节　以时间换空间 / 190

第三节　三思后行，减少试错 / 192

第十六章　中小企业流程化运作的要点 / 194

第一节　树立信仰，不做山大王 / 194

第二节　客户指挥，价值管理 / 195

第三节　甘当乌龟，赢在最后 / 197

第四节　合规经营，控制风险 / 199

第五节　不让雷锋吃亏，不让犹大逃脱 / 200

结束语　少将连长——继续进行的流程征途 /203

参考文献 /204

在"班长的战争"背后

"兵者,国之大事,死生之地,存亡之道,不可不察也。"这是《孙子兵法》开篇之语。意思是指,战争是一个国家的头等大事,关系到国家的存亡、军民的生死,是不能不重视的。中国企业界有一位哲人,一直用军事思想打造一支队伍,把企业使命看作是冲锋陷阵的目标,以极限生存的标准努力提高自身的能力,用二十多年时间冲入世界百强,使头号强国也不得不动用举国力量来应对。

前面提到的哲人,正是任正非。他在打造华为这支队伍的过程中,除了思想教育和激励政策外,很重要的一点是花了大笔学费学习西方先进的管理思想,打造了一套基于规则的"无生命"管理体系。在这套管理体系中,企业不再依赖个人英雄主义,使得每一名普普通通的员工,都能发挥出各自的作用。

曾经有这样一个笑料:一位其貌不扬的年轻人挤在公交车里,拿着手机大声地讲话:"喂,小张,你赶紧把我那个联通公司4个亿的合同让商务经理提交了,快完成签署,另外,与电信那个5个亿的合同赶紧打印一下,我马上去签……"未说完,车内乘客哄堂大笑,人们打趣道:"你这么多亿身价的人,怎么和我们一起挤公交?想摆阔也得看看地方啊!"但事实上,这件事情在华为的销售人员身上是真实的,华为不需要那些呼风唤雨的销售大拿,一位年轻的基层项目经理便可以干,而且操作这几个亿、几十个亿的合同不在话下,因为他只是前线的一位办事人员,在他身后,一个庞大的组织依据流程高效地与他协同运转着,这就是现代化的"班长的战争"。

现代战争是科技战、非接触战,战争的前线只派出一小股军事人员收集情报,而战斗以远程精确打击为主,这不仅仅是为了减少人员伤亡,更主要的是这种战斗瞬间结束,极为高效,这是战争的最高境界。企业根本的竞争力不再是靠人多力量大,而是机械化、自动化、智能化,这包括企业内部管理的流程化和现代化。如果一家企业仍然条块分割,别说一个班长,就是一个兵团司令,也调不动另一个兵团的一兵一卒,所以说,"班长的战争"并不能概括现代化管理的所有内容,但它却是一个很好的尺度,检验一家企业是否真正具备有竞争力的管理水平。

任正非说过,"班长的战争"不是班长一个人的战争,其核心是在组织和系统支持下实现任务式指挥,是一种组织的整体性改变,其核心是在组织和系统支持下的任务式指挥,实现一线呼唤炮火,让听得见炮声的人来决策。那么,这是什么样的一个组织?其核心基础是什么?如何演变成一套独特的管理体系?本书将为此提供一个认识和理解的思路。

第一篇 组织再造——
矫正企业管理的长短腿

古人云：千军易得，一将难求。刘备三顾茅庐请诸葛亮出山，实施隆中对策，一改刘备颠沛流离之生涯，建立蜀汉，形成三国鼎立之势。但是，纵使诸葛亮鞠躬尽瘁，一人又怎可担负举国之重？没有建立稳定的内政机制，五次北伐多因粮草的内部问题而告败，这是蜀汉及诸葛亮治理之不足之处。大多数企业也会遇到这样的问题，创业之初需要一批核心骨干，他们是公司的顶梁柱，但企业壮大之后，建立高效的内部运作机制更为重要。然而业务骨干形成的个性化经营风格以及公司对他们的依赖，是企业难以克服的"积习"，在"人治"与"法制"之间难以达到平衡，这是企业继续发展的主要障碍。企业的发展是一个自然过程，如同蝴蝶必须经历破茧才能展翅，企业也必须经过变革才能腾飞。

又爱又恨的科层制

几乎每个企业都有一个金字塔式的组织权力结构，最高领导从顶向下授权行权，完成企业的各项使命和任务，这个结构叫科层制结构。科层制也称为官僚制，它是建立在马克斯·韦伯（Max Weber）的组织社会学基础上的国家管理组织结构，但也普遍被运用于企业管理。它是一种将权力按一定的分解因素进行分工和分层，以规则为管理主体的组织体系和管理方式，也就是说，它既是一种组织结构，又是一种管理方式，是管理权与指挥权的统一，实行了"强制性的协调"以获得最高的执行效率，使得科层制构建的组织变得稳定而强大，同时还具有高效的执行力。

但是，实际执行中规则不可能充分完整和详尽，体制中权力人物的意志被放大，由此滋生的官僚主义窒息了人们的创造力和自由，对组织发展有很大的副作用，因此也遭到越来越多的诟病。沃尔玛CEO董明伦（Doug McMillon）说科层制是"罪魁祸首"，伯克希尔·哈撒韦公司副董事长查理·芒格（Charlie Munger）说科层制的触手"像癌症一样"应当予以抗击，摩根大通CEO杰米·戴蒙（Jamie Dimon）也同意科层制是"一种病"。这些领导者深知，科层制削弱员工积极性，压制冒险精神，扼杀创造力，是阻碍人类取得成就的枷锁。

许许多多的企业家对打破科层制进行了实践性的尝试，如稻盛和夫的阿米巴经营、张瑞敏推行的人单合一模式以及形形色色的平台型企业和项目型组织等，但这些方法的共同思路是依托一个平台将前端经营组织做小，这样就不可能存在过多的科层制层级。但问题是：当这个小组织壮大后，会不会机构膨胀而重新进入科层制怪圈？破除科层制魔咒只能依靠把组织做小来实现吗？本章将研讨一下科层制成因，并深度剖析其形成危害的机理。

第一节 组织形式发展及科层制身影

企业的组织形式随着规模的发展，一般会经历直线制、职能制、直线-职能制、矩阵制、事业部制等阶段，这些阶段各有特点，但也有不足之处或难以解决的问题。

一、企业组织的几种主要形式

1. 直线制

直线制是一种最早也是最简单的组织形式。它的特点是企业各级行政单位从上到下实行垂直领导，下属部门只接受一个上级的指令，各级主管负责人对所属单位的一切问题负责。企业组织设计不强调职能分工，只是根据管理人员的管理跨度设置部门。直线制组织结构类似军队的按军师旅团营连排进行编制的方法，优点是：结构比较简单，责任分明，命令统一。缺点是：它要求行政负责人通晓多种知识和技能，亲自处理各种业务。这在业务比较复杂、企业规模比较大的情况下，把所有管理职能都集中到最高主管一人身上，显然是难以胜任的。因此，直线制只适用于规模较小，生产技术比较简单的企业，如早期的家族企业，对生产技术和经营管理比较复杂的企业并不适宜。

2. 职能制

职能制组织结构，是各级行政单位除主管负责人外，还相应地设立一些职能机构，如在总经理下面设立职能机构和人员，协助他从事职能管理工作。这种结构要求行政主管把相应的管理职责和权力交给相关的职能机构，各职能机构就有权在自己业务范围内向下级行政单位发号施令，因此，下级行政负责人除了接受上级行政主管人指挥外，还必须接受上级各职能机构的领导。

职能制的优点是：能适应现代化工业企业生产技术比较复杂，管理工作比较精细的特点；能充分发挥职能机构的专业管理作用，减轻直线领导人员的工作负担。但缺点也很明显：多种职能部门分别指挥，形成了多头领导，不利于建立和健全各级行政负责人和职能科室的责任制，在中间管理层往往会出现有功大家抢、有过大家推的现象；另外，在上级行政领导和职能机构的指导和命令发生矛盾时，下级就无所适从，影响工作的正常进行，容易造成纪律松弛，生产管理秩序混乱。

3. 直线－职能制

直线－职能制，也叫直线参谋制。它是在直线制和职能制的基础上，取长补短，吸取这两种形式的优点而建立起来的。我们绝大多数企业都采用这种组织结构形式。这种组织结构形式是把企业管理机构和人员分为两类：一类是直线领导机构和人员，按命令统一原则对各级组织行使指挥权；另一类是职能机构和人员，按专业化原则，从事组织的各项职能管理工作。直线领导机构和人员在自己的职责范围内有一定的管理权和对所属下级的指挥权，并对自己部门的工作负全部责任。而职能机构和人员，则是直线指挥人员的参谋，不能对直线部门发号施令，只能进行业务指导，例如，财务部门发现准备签订的合同有风险，他们只能提出建议，但不能就此否决合同的签订。

直线－职能制的优点是：既保证了企业管理体系的集中统一，又可以在各级行政负责人的领导下，充分发挥各专业管理机构的作用。缺点是：职能部门之间的协作和配合性较差，容易形成部门墙，职能部门的许多工作要直接向上层领导报告请示才能处理，这一方面加重了上层领导的工作负担；另一方面也造成办事效率低。

4. 矩阵制

在组织结构上，把既有按职能划分的垂直领导系统，又有按产品（项目）划分的横向领导关系的结构，称为矩阵组织结构。

矩阵制组织是为了改进直线职能制横向联系差，缺乏弹性的缺点而形成的一种组织形式。它的特点表现在围绕某项专门任务成立跨职能部门的专门机构上，例如，组成一个专门的产品（项目）小组去从事新产品开发工作，在研究、设计、试验、制造各个不同阶段，由有关部门派人参加，力图做到条块结合，以协调有关部门的活动，保证任务的完成。

矩阵结构的优点是：机动、灵活，可随项目的开发与结束进行组织或解散；各部门融合在一起工作，能更好地沟通和融合，克服部门墙的阻力。但矩阵制中的成员存在部门和项目组的双重领导之下，其运作的缺点也很快显现出来：因为参加项目的人员都来自不同部门，隶属关系仍在原单位，只是为"会战"而来，所以项目负责人对他们管理困难；由于项目组成人员来自各个职能部门，当任务完成以后，仍要回原单位，因而容易产生临时观念，对工作有一定影响。

5. 事业部制

事业部制最早是由美国通用汽车公司总裁斯隆于1924年提出的，故有"斯隆模型"之称，也叫"联邦分权化"，是一种将经营权下放的分权管理体制。它适用于规模庞大，品种繁多，技术复杂的大型企业，是国外较大的联合公司所采用的一种组织形式，中国一些大型企业集团或公司也引进了这种组织结构形式。事业部制是分级管理、分级核算、自负盈亏的一种形式，即一个公司按地区或按产品类别分成若干个事业部，从产品设计、原料采购、成本核算、产品制造，一直到产品销售，均由事业部及所属工厂负责，实行单独核算，独立经营，公司总部只保留人事决策、预算控制和监督大权，并通过利润等指标对事业部进行控制，但事业部由于是独立核算、自负盈亏的，因此事业部之间的资源就不能充分共享，分散了公司的资源，使得资源的规模效应受到影响，降低了企业总体的盈利能力。

二、组织形式发展的核心问题是无法摆脱科层制的束缚

可以说，组织形式发展的历程，就是对科层制的又爱又恨般的用之又弃、弃之又用的过程。直线制是典型的原始科层制，当它的第一个问题表现出来后，即管理者专业能力满足不了企业发展，职能制出现；但职能制打破科层制的统一指挥原则，低效和混乱问题出现，组织发展重新回到科层制为主导的直线职能制；随后科层制的危害继续加深，以至于为了破除部门墙而不得不发展横向的项目组，构成矩阵型组织，但又是因为挑战了统一指挥原则，矩阵制不能得到较好的应用；而事业部制下放经营权，使大企业拆分成规模缩小的子公司，把大山头变成若干小山头，以降低高度而缩小科层制层级，使经营单位获得灵活性，但牺牲的是公司资源的利用率。

组织形式发展的核心问题是无法摆脱"统一指挥"的原则，任凭组织形式如何变迁，这一原则都是灵魂。失去"统一指挥"，组织的行动将杂乱无章，行动效率被极大地破坏，所以尽管它使得组织成员形成权利崇拜之风，但利弊相比

较,"统一指挥"仍然是最高准则。正因为如此,很多企业在企图用矩阵制打破部门界限时,发现要突破管理高效的统一指挥原则是很困难的。马克斯·韦伯认为这是现代社会不可避免的"命运",一方面它使人们的行动逐渐淡化对价值理想和意识形态的追求,专注功能效率,另一方面无情地剥削了人的个性自由,使现代社会深深地卷入了以手段支配目的和取代目的的过程。

科层制的核心是金字塔式的权力结构,权力成了这个组织传递信息和凝聚连接的关键枢纽。"统一指挥"在行动上绝对高效,但其副作用也是明显的:① 科层制面临着难以克服的形式合理性与实质非理性的内在矛盾,政策在传递过程中因各层管理者的理解、目的和利益而歪曲;② 科层制容易引发各种官僚主义;③ 科层制束缚了人的积极性,影响了组织效率,并且扼杀创新力;④ 科层制高度统一的权力使组织中的下属单位产生狭隘的服从和为上级服务的观点。

其实,科层制的效率只体现在围绕核心权力部分,而对于远离权力中心的基层或末端权力和非实权部门来说,它的影响力已经不能带来效率,反而是组织的臃肿部分,因此科层制并不能让企业做大做强,组织发展到一定阶段必须打破科层制魔咒。

第二节 企业成长中难以避免的长短腿

按照马克斯·韦伯定义的科层制,其本身是没有原罪的,它既说明了科层制下的组织形式是逐级授权和行权,同时也说明了科层制的运行应当以规则为基础进行管理。但实际运行中授权行权与规则制定是不平衡的,两者之间一个很容易、很快捷,另一个需要多方协商、严谨呈现。现实中的问题往往不能留出充足的时间来制定规则,而必须由组织管理者亲自做出决定,这样,久而久之,管理者容易成为权威,管理者意志成为组织规则,这是产生官僚主义的根源。

一、企业对组织与制度的依赖度关系

管理制度是对一定的管理机制、管理原则、管理方法以及管理机构设置的规范,它具有严格的规范、严谨的逻辑和明确的标准,可以使执行者达到高质量的工作结果输出,但制度的制定需要相对复杂的准备和更长的周期,这也使得应

变性差，往往不能适应外界变化所需要的快速响应要求。

著名的滑铁卢战役，拿破仑失败很重要的一个原因是部将格鲁西的僵化愚钝。战役部署前格鲁西接受的任务是追击普鲁士军队，但实际战斗开始后，他所带的部队并未追踪到自己的目标敌人，而拿破仑在滑铁卢的激战进入白热化，稍微一点点增援就可以改变天平的方向，可是遗憾的是格鲁西没有灵活调整，继续僵化地执行原有命令。市场竞争也犹如战场厮杀，片刻的耽误就可能影响战局，很多情况下不能等到制定清晰的制度再行动，而是依靠人以及组织中人的灵活性来迅速采取措施，这就使很多情况下组织比制度管用。

但是，对于一个相对庞大的组织，人的协同性随着数量的增加会越来越困难。人有理解力，但理解力会有主观偏差，因此当组织规模不断扩大后，就不能依赖组织中人的能动性，而此时制度的作用就愈来愈多地体现出来——它可以保证集体行动的标准化，从而保障整体执行效率和质量。

图 1.1 中的虚线是一条理想中的企业规模与组织和制度依赖度关系，它表明企业规模小时，对组织灵活性更依赖，但企业规模增大时，对规范的制度更加依赖。现实中企业往往达不到这条虚线的路径，因为在企业规模增长过程中，由于经历几代人的传承，依赖组织灵活性的行事方式往往成为一种习惯而难以改变。

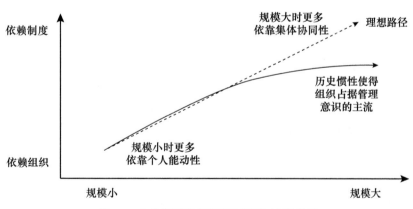

图1.1　企业规模与组织和制度依赖度关系

著名的畅销书《致加西亚的信》已经流传一百多年，它被翻译成多种语言在全世界产生影响，许多政府、军队和企业将其作为新士兵和新职员的必读书，培养士兵、职员的敬业守则意识。书的内容非常简单，讲的是美西战争爆发以后，美国必须马上与西班牙反抗军首领加西亚将军取得联系。加西亚将军隐藏在古巴辽阔的崇山峻岭中——没有人知道确切的地点,因而无法送信给他。任务交给了一位名叫罗文的人,他在没有得到任何帮助信息的情况下,徒步穿越一个危机四伏的国家,凭着自己的勇气和智慧,最终将信交到加西亚手上。从这件事中我们可以看到,企业界普遍希望培养员工的担当精神,不因循守旧、不消极推诿的人会获得较好的职业前途,而这样的人必将作为榜样,他的精神将一代一代传承下去,但这样的传承是不利于企业做大后向制度化管理转型的。

虽然科层制没有原罪,它本身的设计包含了组织与制度的结合,但考虑到实际执行中企业从小到大的增长过程中对组织与制度的不同依赖,以及人性中的"习惯成自然"特点,我们不得不说科层制是一个存在缺陷的制度模式。即使少部分人能做到及时地将企业管理从"人治"调整到"法制",但对于绝大多数人来说几乎是不可能的。

二、渐行渐远的流程与组织

流程与组织的关系亦是如此。很多小微企业主非常关注流程,他们对流程的期望主要来自两个原因:① 希望流程可以带来先进的业务模式,缩短创新周期。例如一个电子商务模式的出现,立即引来无数模仿者,共享单车市场就是一个典型的例子。② 希望流程可以减轻管理压力,通过约法三章管束好员工。

用流程和制度管理员工当然是好的,但对于小微企业来说其负面影响往往更大。小微企业的立身原则就是走特色化道路,因为要素集约化带来的成本优势对小微企业是不成立的。他们的经营特色就是要不按常规出牌,"朝令夕改"往往就是他们制胜的原因。对于他们的员工,更需要的是给加西亚将军送信的罗文,而不是忠于拿破仑的格鲁西。

对于小微企业,他们的组织结构简单,往往企业主通过一层中层便可管理到基层的每一位员工,企业主对每位员工的工作状况基本了解。这时企业的组织与流程基本是匹配的,因为企业主发现流程与组织有冲突或矛盾,可以立即进行调整。小微企业此时并不用刻意强调流程化管理,即使他们的流程有问题,也不是最重要的问题,他们应当更聚焦于新业务的探索,通过创造新业务来战胜对手的老业务模式,用新流程取代老流程。

只有当企业的组织继续发展,中层管理者继续分解组织并任命下一层管理人员，组织管理层出现多级，企业最高领导者已经不能完全掌控每一位员工，此时科层制权威越来越重要，流程与组织失衡，流程就可能被组织所割裂，使得流程围绕部门利益服务，例如费用报销流程就可能为了财务控制而设计，造成评审过多、周期过长的问题，而公司最高层已经逐级授权，无暇顾及这些末端流程的正确与否。当企业充斥着体现部门利益的流程，此时放回到整个公司的角度去看，流程已经被部门绑架，已经与真正业务需要的流程不相匹配了（见图1.2）。

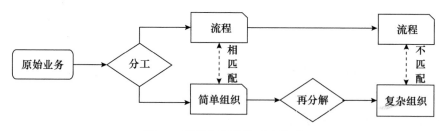

图1.2　组织与流程的匹配关系

组织与流程不匹配将出现以下情况：① 组织设计变化无常，调整频繁；② 以领导为中心，容易形成山头主义；③ 部门墙厚重，业务流程割裂，效率低下；④ 利益保护，好大喜功、缺乏自我批判；⑤ 企业战略难以落地。

第二章

组织再造：不是创新，而是复兴

一家企业发展到一定阶段，会遇到发展瓶颈，这时候最容易想到的是需要管理创新，革除弊端，从而得到继续发展。但是，创新不等于要与过去彻底割断，而是有扬有弃，保留优良基因，去除有害毒瘤，让肌体再次健康起来，所以本质上讲，企业为摆脱困境而进行的努力是一次复兴。

很多企业在发展之初，员工上下齐心，团结一致，战无不胜，而企业大了之后反而利益纷争，互不配合，这是组织的问题。于是，很多组织创新的方法层出不穷，如阿米巴组织、项目型组织、学习型组织、流程型组织等，但这些组织的运用无不需要与企业自身的历史基因相结合，否则就不会成功。因此，我们与其说要进行一场组织创新，不如说是组织复兴。

第一节 谁才是根本：流程再造 vs 组织再造？

既然流程与组织在发展过程中渐渐不匹配，应当如何纠正这之间的差距？当前普遍接受的观点是"流程再造"。

流程再造是由美国麻省理工学院的迈克尔·哈默（Michael Hammer）和 CSC 咨询集团总裁詹姆斯·钱皮（James Champy）提出，在 20 世纪 90 年代达到了全盛的一种管理思想。流程再造是一种企业活动，其内容是要从根本上重新而彻底地去分析与设计企业流程，并管理相关的企业变革，以追求绩效，使企业达到戏剧性的成长。流程再造的核心是面向客户满意度的业务流程，而核心思想是要打破企业按职能设置部门的管理方式，代之以业务流程为中心，重新设计企业管理过程,从整体上确认企业的作业流程,追求全局最优,而不是个别最优。

流程再造理论诞生后风靡了全球企业界,但是从现实情况看,虽然很多企业随后进行了流程再造的实践,但并没有多少企业发生了所期望的"戏剧性"改变,传统企业普遍被互联网企业、新技术企业所超越,流程再造并没有挽救传统企业的颓势,反而是那些从头开始的新兴企业没有"再造"的包袱,轻装上阵,轻松走到时代前列。

流程再造理论的出发点是非常正确的,它切中了许多企业家的痛处,正因如此,哈默和钱皮成了举世公认的流程再造理论教父。但后继许多流程再造专家的实践和发展却走入局限,他们过于专注于这套理论的向下落实,总结了针对流程本身的许多优化方法,但没有向上研究,去寻找一些更加根本性的问题。流程再造理论有两个问题需要探讨:① 流程的本质问题;② 阻碍流程的根本原因是什么?

一、关于流程的本质

企业中业务流程是为达到特定的价值目标而由不同的人分别共同完成的一系列活动。活动之间不仅有严格的先后顺序限定,而且活动的内容、方式、责任等也都必须有明确的安排和界定,以使不同活动在不同岗位角色之间进行转手交接成为可能。这是对流程形式的完整表达,使我们可以清楚明确地看到一个流程,判断哪些流程好,哪些流程不好,因此要将不好的流程改造为好的流程,这就是流程再造思想盛行的原因。

但"流程"这个词的原本意思是指水流的路程,是自然形成的,刻意改变水路往往不能解决根本问题,这也就是大禹治水最终用了疏导的方法的原因。业务流程好还是不好,需要身在业务中的人员都感到好才行,不是制定者认为一个流程好就真的是好流程。流程本质上是业务的最佳实践,这种最佳实践是所有利益关系人都能达成一致的方法。尽管每个人从局部视角不是利益最优的,但却是集体可以达成行动的最佳利益平衡方案。

华为公司副董事长徐直军总结了华为对流程的这样一些认识:

(1) 业务流是客观存在的,不论是否用业务流程来描述和定义,业务流天然存在,所有业务部门都工作在业务流或者支撑业务流的支撑活动中。

（2）流程是对业务流的一种表现方式，是优秀作业实践的总结和固化，目的是为了不同团队执行流程时获得成功的可复制性。流程是对业务流的一种表现方式。越符合业务流的流程越顺畅。

（3）在 IT 中跑的是固化的流程，本质上跑的是业务。IT 就是承载业务作业流程并实现业务数据自动传递和集成的使能器。

徐直军的这些总结表明，流程的形式并不重要，因为即使没有定义性的描述出来，流程也是存在的，不要刻意用一套流程来指导业务，更不要用一套 IT 系统来否定传统业务，流程是实践后产生的，是对最佳实践的发现。流程就像经济规律那样，它也是个看不见的手，我们可以努力逼近它，但不能改变它。

我们可以比较传统业务和现代互联网业务，会发现其实流程本质上是没有变化的，只是由于技术发展导致的流程形式的变化。例如传统的超市和网络上的天猫超市，其购物过程都是备货、陈列、比较选购、完成交易、运输、售后服务这样的过程，只是形式上变成了远程选择、交易，快递公司运输等。我们的任务是发现新技术条件下这个购物流程如何更高效，而我们并没有改变流程。

二、组织再造是使企业回归流程的根本方法

流程再造实践者容易遇到的第二个问题在于聚焦于流程本身的优化，而没有看看流程本身是否值得优化，也就是只顾低头做事，没有抬头看路，这往往是因为这些实践者已经存在或服务于某一个组织，只能在组织的框架下优化附属于组织的流程。其实流程首先是属于企业的，以实现企业战略为目的，为此，组织设计需要服务于战略和流程。组织不能顺应大势而变，局部流程做得再好也不能改变企业发展的轨道。

大润发在零售行业是一个号称 19 年不关一家店的传奇商场。在商场这个领域里，没有任何人能打败它，包括沃尔玛和家乐福，但是在零售业进入改朝换代的前夜，它被阿里巴巴收购了。大润发创始人黄明端离职时说，我战胜了所有对手，却输给了时代。真的如此吗？1999 年阿里巴巴成立时，大润发已经是营收 240 亿的国际连锁企业。此时大润发内部应当是有技术部门的，但基于传统大卖场的业务思路，这些技术部门充其量只能是维修工这样的角色，很难像阿里巴巴那样被视为核心资产，也就是说在传统经营模式思想下，即使大润发有技术部门

这个组织，也不能发挥其在发现流程规律方面应有的作用。

既然流程是看不见的手，我们靠什么逼近它？靠的是一次又一次的探索和实践，正如市场交易多了就能让价格逼近商品价值。然而，科层制所形成的壁垒阻碍了业务流程的探索，是造成流程不畅的根本原因，因此，流程再造的前提毫无疑问是组织再造。

第二节 组织再造的思路：两千年前的智慧

对于组织，我们敬畏的不是组织本身，而是组织的权力。权力与组织的关系本身不是一体的，而是我们历来以组织为载体进行授权，导致现在我们将组织与权力视为一体。既然如此，我们能够以流程为载体，进行权力授予吗？

理论上可以，即企业所有的工作都按制度来，但现实不可行，因为不可能有一家企业把流程／制度建立得没有一丝缝隙，那能否分一部分权力给流程呢？有人会说：现在都是这样，有流程／制度的按流程／制度，没有流程／制度的才由组织中的领导进行指挥和管理。但前面我们已经讨论了"流程＝业务"，也就是说，即使没有明确规定的业务，我们也授权给流程，而不是代表组织的部门领导来决定，这有没有可能？

我们先看一看中国古代军队的一种管理体制。图 2.1 中的虎符是古代皇帝调兵遣将用的兵符，用青铜或者黄金做成伏虎形状的令牌，劈为两半，其中一半交给将帅，另一半由皇帝保存。将帅负责管理军队，进行日常战术和技能训练，但不能随意组织和发动战争／战斗。军队需要使用时，由皇帝将另一半虎符授予钦差大臣，代表皇帝发号施令。这种方式下，军队这个组织的管理者并没有业务指挥权（发动战争／战斗），皇帝的权力通过两个渠道授权，形成制衡，极大地保障了国家的稳定。

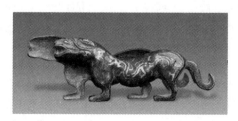

图2.1 虎符

"虎符机制"给我们的启示就是权力可以沿着组织和流程两条线进行授权。企业界过去之所以倚重组织是因为企业发展过程中效率因素更为重要，古代军队需要虎符机制是因为国家安全因素更为重要。随着企业规模的扩大，局部效率并不能带给这个企业稳定的结构，此时，军队的双向权力结构是否可以借鉴呢？

首先需要说明的是，"虎符机制"并没有消失，它在军事系统中一直延续着。2016年实施的中国军队改革，正式奠定了军队现代化组织形式——流程型组织。军改后，中国军队形成了两个指挥体系：一个负责养兵，即按军种负责组织专业训练、联合基础训练、后勤保障等军政事务，另一个负责用兵，即按战区负责作战、指挥、控制、协调和联合训练与演习，战时可迅速投入实际战斗指挥（见图2.2）。

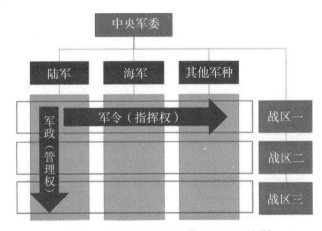

图2.2　军队兵种和战区指挥分工示意图

那么，这种双向指挥体系在企业中是否有案例呢？现实并不多见，华为采用了这种方式，但第一个采用的是IBM。

20世纪90年代初，IBM濒临破产的边缘，1993年亏损达81亿美元，创美国工商业年度赤字历史之最。这家世界上最大的计算机企业也是最大的高科技企业，被舆论界比喻为"恐龙"，它的迅速衰败被称之为"国家的灾难"。然而，一个人的出现挽救了IBM。

他是路易斯·郭士纳（Louis Gerstner），在危难中接手了IBM。很多人认为他会像一般企业家处理危机那样大量裁撤、缩减规模，以降低成本，渡过难关，然而郭士纳并不这么认为，他指出大公司拥有的众多资源是任何一家公司所向往的，大公司只要将它整合得更好，完全可以比小公司更有效率，大象也是可以跳舞的。

郭士纳让IBM起死回生依赖于他的以下两个最为重要的决策：

一是力排众议，否决了前任执行官埃克斯留给他的一个将IBM进行肢解的方案，坚决维护大公司的优势，集中调配资源的使用，这样才能使IBM向客户提供最优质的综合服务，使企业具有竞争力。事实也证明，郭士纳接手的IBM没有停止脚步，其触角继续向全球扩展，业务更加多元化，结果使得IBM避开了高科技产业萧条的影响。

二是改变了IBM的经营模式，开展了以客户为导向的流程型组织变革，消除"大企业病"，使组织运作机制变得灵活，实现大象也要跳舞的目标。面对企业内部和外部对这种休克疗法的批评指责，郭士纳以坚决的态度和意志成功地说服董事会进行结构重组——"如果企业的高层没有决心拿出起码5年的时间来进行改革，那么机构性的重组很难成功，而且难的并不在开始，而是将变革推行下去，直至达到目的"。

"以客户为中心"就是郭士纳授予IBM的第二套权力体系，从此，IBM的员工不再仅仅听命于一个上级的指挥，而是业务上以客户的需求为准，这样的运作并没有出现那种双向指挥的混乱状况。郭士纳的改革从实践上证明了"统一指挥"并非企业管理不可突破的原则，双向管理运用得好，反而使企业做大做强成为可能。

根据前面的论证，既然科层制下的"统一指挥"是组织发展的瓶颈，也是组织与流程隔阂越来越大的原因，那么组织再造的思路就是要革除这种思想，认可"双向指挥系统"的可行性，将权力在组织与流程之间重新分配。作为员工来讲，造成混乱的是同一件事受到不同系统的指挥，而如果我们能确保两个权力系统分工明确，就不会造成员工执行上的混乱。

参照军队的双向指挥系统，我们可以沿着流程也授予一套权力系统，即业务指挥的权力系统，而权力系统需要有载体，载体又回到组织上，那么双向指挥系统岂不又回到组织这一单一指挥系统上了？这是很容易把人搞混乱的一点。其实，此组织非彼组织，沿着流程授予的权力需要另一套组织体系来承载，所以双向指挥系统也就是双组织系统。组织再造的任务就是建立这套新的流程责任人体系，并与传统组织体系进行融合。

第三节 权力重构才能让流程回归

权力重构是指将企业的授权不再依托组织这一单一渠道,而是将权力分成两种,即管理权和指挥权,这两种权力分别依托组织和流程进行授权。

一、管理权

管理权是组织管理者代表(如部门领导)根据授权或任命,对其所管理部门人员所拥有的任务分派、能力培养、绩效评定、奖励处分的权利。本质上讲,管理权是对资源的管理,即把部门成员看成是一个资源池,对资源的获取、运用、效能等进行管理,其行权具有以下特征。

1. 管理权是绝对权

管理权不需要他人的支配,权力人自己便能实现其权利,或者面对外界干预,权力人具有最高选择和决策权。例如,一个部门领导平时有权决定自己所负责部门的工作计划、执行分派、结果评定等,若外界对于本部门相关的请求、命令等(直接行政上级除外),权力人具有最高的选择和决策权,如一票否决。

管理权对资源池的管理具有行政管理的性质,具有一定的强制性,因而管理权的绝对性保障了行政上的效率。如果企业招来员工后,安排他们做什么工作还要再商议,那样行政效率就太低了,失去了办企业的基本意义。

2. 管理权具有排他性

管理权所有人有权排除他人对于其行使权力的干涉,并且同一人员或事物上只能存在一个管理权,而不能并存两个以上的管理权。例如,每一位员工必须有且只有一个部门归属,接受一个领导的管理和考核。有些企业在某些情况下实行集体领导,但集体领导是听取集体意见,或者以集体表决意见作为结论,但结论的执行管理仍然是唯一的。

管理权的排他性保证了组织的金字塔结构,这种结构条理清晰,也提高了组织运作的效率。如果组织允许多头管理,指令冲突的处理方就是员工自己,而处理的结果是不可控的,这样企业政策的执行就是不可控的。

这里需要说明的是,前面讨论指出科层制及"统一指挥"的弊端,但并非说它们没有好处。我们的目的是扬长避短，而非彻底否定。至于如何在新的管理体系中利用科层制和"统一指挥"的长处，这还要在后面的论述中深入展开。

3. 管理权是最完全的管辖权

管理权是权力人对于其所有的成员进行全面的支配，包括对成员的拥有、培养、考核和奖惩权力。一般的组织中指挥权也在管理权之下，但双向指挥系统需要剥离指挥权，因此这里的管理权不包含指挥权，部门领导在指派某一员工参与某项工作后，具体工作上的指挥就不是自己的事了。

管理权的完全性意味着管理权所有者对资源池负担最主要的责任，除了业务指挥权外，其他权利和义务都承担，是资源池的第一负责人。资源池的价值体现在管理权拥有者身上，如果资源池兵源素质不行，或者调配跟不上，管理者首当其冲要对此负责。

二、指挥权

指挥权是指权力人以自主的意思运用或利用所需要的资源完成业务目标，这个资源可以是自己所有，也可以是其他部门所有。例如，研发部门为了解某个产品的市场情况，可以向市场销售部门要求派员参加，获得市场销售资源的指挥权，而市场销售部门有义务派员参加。

指挥权仅在有业务需要指挥时才可以行权，具有以下特征。

1. 指挥权是相对权

指挥权依据外部要求行使事物处理，权力人可能需要调用外部资源，但不能对外部资源有直接的管理权。如前面的例子，研发部门需要市场销售部门参与某产品的研究，但市场销售部门没有合适的人选，研发部门可以催促市场销售部门尽快培育，但不能命令市场销售部门或者越俎代庖。指挥权的相对性决定了其处于一定的从属地位，若要发挥好指挥权的作用，就需要聚焦重点事物，如利用执行公司的战略、解决客户提出的需求等契机，将工作目标与相关部门利益关联起来，得到这些部门的拥护和支持。

指挥权的相对性削弱了指挥的能力，也就是提高了指挥的门槛，但实际上这对提高指挥能力是很有好处的。例如，销售部门使用指挥权要求财务部门参与合同条款的评审，但销售指挥权不能指挥财务人员违反财务规定而放松评审要求,这使得销售人员不能单方面地为获得合同而随意降低财务条款,而应当努力克服困难,为公司获得高质量的合同。

2. 指挥权具有跨界性

指挥权所有人有权使用外部合适的资源用于特定的事务处理,因此在工作安排上可以将工作扩大到相关部门,将他们的资源为我所用。例如,监督部门检查工作,可以要求各部门先自行检查,这样就大大提高了检查工作的参与人员数量。

指挥权的跨界性基础在于可以相互跨界,营销可以指挥研发,研发也可以指挥营销。如果今天营销指挥不动研发,那么明天研发也就指挥不动营销,指挥权的范围也就和管理权一样,只能在本部门范围内,这样便又成为科层制组织了。

3. 指挥权具有专业性

指挥权是流程负责人对于其负责的业务展开端到端拉通的工作,但仅限于就事论事。例如,某销售经理指挥一个销售项目,他的职权是在业务上指挥大家的行动,但仅此而已,不能对来自其他部门的成员进行业绩考核。尽管他可以对团队成员的业绩向其行政主管提供建议,但只是参考意见而已。

指挥权与专业性的结合实际上是将业务的指挥权交给了非行政体系下的指挥者,虽然这种指挥权仅限于业务范围,但这足以动摇科层制的基础,因为科层制的统一指挥使得行政管理者同时也指挥着业务,这是许多业务的开展不能以客户为导向的根源。

4. 管理权与指挥权的关系与作用

比较管理权与指挥权,可以看出总体上而言管理权属于"重资产",因为它握有资源池,对成员具有绝对管理权,管理范围也最为宽广,而指挥权是"轻资产",它需要通过调用外部资源才能实现工作目标。两种权力各有其价值,前者使企业获得稳健的组织能力,后者能使业务活动焕发活力。

但是在传统的科层制体制中,管理权与指挥权合二为一,其结果使遏制了跨部门的指挥权,因为科层制的行政体制不允许双向指挥。这种运作机制的结果必然导致业务流程被部门权力所割断,流程成为部门的附属而不能端到端拉通。

第一篇 组织再造——矫正企业管理的长短腿

双向管理机制将指挥权从管理权中独立出来，最重要的意义是使企业重新把视线投向流程，沿着流程研究指挥权的运用。企业如果将指挥权交给流程管理体系，即按照流程要求行使指挥权，将使企业获得如下好处。

1. 确保业务流程畅通

由于每个人的业务工作受指挥权驱使，而不是由掌握管理权的直接领导管理，这样业务活动就不会受到部门利益的干扰，能破除部门墙的隔离，使流程得到贯通。

2. 驱使各部门注重流程质量

每个部门负责的业务通过流程寻求外部部门配合，但行使的指挥权只有相对性权力，不能依靠"命令"来寻求外部配合，这迫使每个部门成为一个"服务型部门"，把内外部的资源都看作是"客户"，建设一个好的流程以获得各方支持。

总之，将指挥权从管理权中剥离出来，可以驱动整个企业形成按流程办事；同时保留管理权的绝对地位，使得指挥权得到监督，即流程制定者必须制定满足客户需要的流程。这样，流程在企业中得到回归，并且保持以客户为中心的服务方向。

第四节 流程型组织及其优势

流程型组织没有权威性定义，各种定义或表述中共同的一点是企业应当强调流程为中心，以提高对客户需求的反应速度与效率，消除"大企业病"。但是对流程为中心的实现上分为以下两种不同的主导思想。

第一种是一维管理模式，即抛弃职能部门，以项目为导向，实现横向管理。当下有人提倡的纯项目型组织便是这种思想，另外，阿米巴模式本质上也是这种思想，因为阿米巴把各要素都放在阿米巴组织中，本质上是拆解了一家企业的职能部门。图2.3是这一思想的示意图。

一维流程型组织由于抛弃职能的作用，本质上还是职能制之前的直线制，以项目为人群划分单位，只不过沿着直线制深入地进行了发展，如阿米巴会计的精细化核算使得各团队量化管理上走向极致，为员工提供了很好的激励。但没有职能制的支撑，这种模式很难将企业做大。试想，随着企业规模的扩大，项目会越来越多，如果全部用项目式设计流程进行管理，流程数量会直线上升，这时必须将项目中的共性模块形成功能性组织，管理的效率才能得到提高。事实上，阿米巴组织的优点体现在经济衰退期，因其成本优势而获得了抗风险能力，但在经济成长期却因没有要素集约化优势而成长缓慢。这验证了一维流程型组织适合规模小，或者切割成小规模经营的组织，不代表流程型组织的主流。

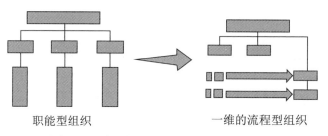

图 2.3　职能型组织与一维流程型组织比较

第二种是二维管理模式，部门垂直领导和流程横向拉通的矩阵型管理模式。这种组织结构保留职能部门，并以此为基本组织结构，形成部门。但是每位员工的工作并非由本部门领导直接指导，而是由流程牵引着工作。图 2.4 是这一思想的示意图。

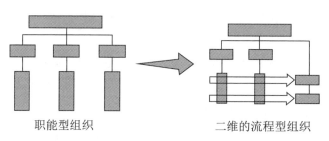

图 2.4　职能型组织与二维流程型组织比较

这一模式很容易与矩阵型组织相混淆，以至于很多人将矩阵型组织的运作用于流程型组织。其实，矩阵型组织有两点与流程的初衷不相符合：① 矩阵型组织的横向项目是临时性组织，是因某些工作涉及跨部门协同而成立，完成之后即行解散，并不是因为有固化的流程而存在；② 矩阵型组织仍然强调单一指挥，成员需要在部门领导和项目组组长间选择一个高优先级指令，否则工作会陷入混乱。本质上讲，矩阵型组织并不是真正的矩阵，因为它不是一个固定的阵势，也没有双向指挥系统。流程型组织更符合矩阵型的特征，但因业界已经给予矩阵型组织特定的含义，为区别起见，本书后面只论述流程型组织，并提请读者注意流程型组织与传统定义的矩阵型组织的本质区别。

至此，我们可以给流程型组织下这样一个定义：流程型组织是以管理权和指挥权双向权力系统构成的矩阵组织，以流程驱动工作，以客户满意驱动流程质量，充分贯彻职能作用，实现以客户为中心的业务拓展。

双向权力系统是流程型组织成功的关键。如果采用单一权力系统，那就要么沿用原有的权力系统，组织变革难以大步前进，要么来个颠覆式改革，对企业的伤害可能更大。双向权力系统可以看成是一种渐进式改革，因为它基本上保留了原来的行政权力体系，除了剥离了指挥权用以回归流程，这种手术是企业承受得起的，华为的实践证明了这一点。

以流程驱动工作，就是要使每一位员工都按照流程工作，不受部门领导权力的影响，从而打破部门墙。对于流程负责人，有更大的权力、获得更多的资源，包括其他部门的资源也可以支配。以客户满意驱动流程质量，就是获得流程制定权和指挥权的责任人仍然要受到内外部客户满意的制约，必须以高质量的流程开展工作，避免流程成为人为制造的障碍。

流程型组织的目的一是要以客户为中心，用客户需求驱动企业各级管理者和员工进行工作，而不是唯上是从。同时，不可忽视各部门的职能作用，否则违背企业集约化经营的初衷。

流程型组织具有以下优点。

1. 以客户为导向驱动工作

流程型组织通过流程端到端地连接客户需求，以满足客户需要、为客户创造价值为宗旨驱动日常工作。领导的指令可以看作是代表客户需求的一个方面，但不是全部，而是要与客户的真实需求相结合，有时候客户需求可能与领导意志不相符，通过综合可以去伪存真，使企业保持一个正确的、可以被市场接受的业务方向。郭士纳在提出"以客户为中心"的变革时，其目的就是为了推动整个企业围绕客户进行自我工作，突破管理者瓶颈，以改善大企业效率低下的问题。

2. 跨部门无障碍协作

很多企业尝试解决跨部门协同问题都是从某个局部去考虑，例如思想理念问题、激励奖惩方法等，但这些没有从根本上追溯到问题源头。趋利避害是人性的本能，这种本能是与生俱来的，存在于人们的潜意识中，并非思想教育可以彻底改变。任正非提倡以奋斗者为本的同时，也施以"以众人之私，成众人之公"，以制度建设确保华为业务的发展。部门间不合作源自于人们对组织权力的敬畏，生怕越过雷池而犯错，而当流程型组织剥离部门管理者指挥业务的权力后，员工就无此后顾之忧，这就是合作性制度的基础。

3. 企业资源充分共享

郭士纳接手 IBM 后拒绝拆分 IBM，就是为避免企业资源分散后不能发挥规模化效应。规模效应是因为规模增大带来的经济效益提高，所以我们把懂财务的集中起来成立财务部，懂销售的人集中起来成立销售部，就是为了提高工作效率。但是规模过大可能产生信息传递速度慢且造成信息失真、管理官僚化等弊端，反而产生"规模不经济"，其根本原因是头小身子大，因此通过企业瘦身，分成事业部，上下再次匹配，但代价是失去更大的规模效应。郭士纳的做法不是瘦身，而是增大头部，让客户需求成为企业驱动力的另一个组成部分，这样可以让企业跨过管理者瓶颈，继续发挥规模效益。

4. 不依赖个人英雄人物

流程型组织可以把每一位管理者和员工打造成螺丝钉，这样看似削弱了个人的作用，实则提高企业这个平台的生存能力，不会因某些英雄人物的去留而产生影响。实际上，华为正是因为这种模式变得越来越强，并且有挡不住的趋势。苹果公司需要有乔布斯这样的英雄人物才能发明 iPhone，而华为没有英雄人物，却一代又一代地推出更好的手机。

5. 优秀管理经验得以沉淀

优秀管理经验本身就是业务的最佳实践，也就是流程要体现的业务规律。一家企业注重流程，就会不断地用新的经验更新流程，与时俱进。很多企业没有跟上时代的步伐，那是因为没有把优秀的经验沉淀下来，结果好的经验始终随着人才流动而流失。

6. 信息技术应用成为真正的核心竞争力

信息技术应用可以极大地提高企业的效率，是企业的核心竞争力。信息技术应用的背后是要有清晰的业务逻辑，才能高效地指导IT战略和实施。反过来，指望信息系统直接带给企业改变的，都会发现是事倍功半。

第五节 流程型组织与组织发展的关系

一、关于组织发展

组织发展（Organizational Development，OD）是最近非常火的一个词，在学习和了解组织发展的人群中，企业组织设计部门是非常大的一个人群，越来越多公司的人力资源部开始设置"组织发展"这个职能，希望通过这个功能块的设置，更加科学地进行组织设计，因此，有必要讨论一下组织发展与流程型组织的关系。

组织发展是基于应用行为科学来帮助组织改善个人和整体系统。组织发展的目标是通过变革帮助人们在组织环境中更好地运作，让组织不断适应外部环境的变化，可持续性地健康发展，让团队组织的潜能最大释放，因此OD的核心含义是让组织适应环境，以求得生存，而不是一成不变地期望改变环境来使组织存活。

组织发展的标准是：① 客户有进行变革的实际需要。一家企业可能停滞发展，但整个历史趋势不会，客户的需要会随之而增长，停滞的企业与客户需求的差距会越来越大，因此缩小这种差距是企业组织发展的基本要求。② 让客户参与到变革的计划和实施过程中，即以客户为中心，以客户满意为组织发展的验收标准。③ 引导企业文化进行变革，保障企业发生根本性的变化，呈现脱胎换骨的新面貌。

二、组织发展与流程型组织的共同点

组织发展与流程型组织有以下共同点。

1. 都是以客户为中心

组织发展与流程型组织都注重以客户为中心，以客户需求驱动组织建设和

运作。两者均认为客户决定着变革的方向，让企业为客户服务，这样才能使企业融入社会环境，得到更好的生存。

2. 都强调变革的作用

组织发展将行为科学知识广泛应用在根据计划发展、改进和加强那些促进组织有效性的战略、结构和过程上，通过管理咨询、技术创新、业务管理以及培训和开发推动组织变革。流程型组织本身就是对传统组织形式的颠覆式发展，是组织变革的体现。

3. 都要对企业文化产生影响

组织发展和流程型组织需要改变的不是局部，而是企业从上到下的整个组织。变革最终要使组织文化发生根本性的改变，因为没有组织文化的改变，企业即使出现短暂的改进，也是不能持久维系的，必将回退到原来的问题状态，因此，组织发展是组织文化的变革，需要有具体的行为科学、理论和方法，经过相当时期的团队建设、培训、沟通和协调，才能逐步落地。

三、组织发展与流程型组织的不同点

组织发展与流程型组织的不同点主要在于一个提供了通用的方法框架，而另一个是具体的一种方法。

组织发展从组织变迁的角度提供了一种通用的方法，这种方法是组织发展的变革过程，即诊断—分析—方案—行动的过程，这之中用到的行为科学方法可以是一切有利于达成组织变革目标的方法。

流程型组织则是一种具体的组织变革方法，有明确的变革方向，即构建以客户为中心的、流程化运作的组织。这个方法是有排他性的，例如流程型组织与阿米巴组织是格格不入的，虽然流程型组织与阿米巴都是以客户为导向的，但在对待职能部门的问题上，流程型组织是强化了职能，以充分实现职能部门的资源共享，而阿米巴把职能分散到阿米巴小组（有些阿米巴把职能部门也作为一个阿米巴单元，但通过阿米巴会计方法与其他单元核算，本质上不是职能而是经营单位了），结果是削弱职能的作用。

因此，流程型组织是组织发展中的一个特例，它有明确的目标，即在流程

的基础上把企业做大做强。但是组织发展本身并不关注方法论的方向，只要结果符合客户期望即可。这种情况下，阿米巴也可以成为组织发展的一种选择，对于那些以做小做活为目标的企业，阿米巴模式是更好的选择。

四、组织发展与流程型组织在企业中的管理主体

组织发展与流程型组织这两方面的差异是否意味着企业可以两者取其一？其实两者并没有矛盾之处。一般而言，组织发展是人力资源部门较为关心的问题，也有企业有独立的组织发展部门，因为组织发展比人力资源需要处理更多的战略和业务问题。但无论是人力资源部门承接还是独立的组织发展部门，他们一般更多地针对特定问题进行观察、分析、总结、解决到推广，是一种中医式的方法；而流程型组织的管理主体需要流程部门，对业务逻辑进行深入的研究，是一种西医式的方法。

例如对于华为销售前沿的"铁三角"模式，这是来自于2006年在苏丹市场的溃败后，业务部门分析了"客户线不懂交付，交付线不懂客户，产品线只关注报价"的原因，总结出产品、客户、交付紧密结合的铁三角模式。公司及组织发展相关部门发现这是一个很好的、可复制的方法，于是在全公司进行了推广。而华为流程部门直到2009年后进行LTC（线索到回款）的流程变革时，从业务机理上证明"铁三角"运作的必要性，从而完善和夯实"铁三角"运作模式，构建立体的铁三角运作体系。两个不同的部门，运用不同的方法，最后殊途同归地确立了"铁三角"运作的必要性和具体模式，说明组织发展与流程型组织在企业中可以共存，互为补充，互为增强的。

第三章 华为奇迹及背后的系列变革

"奇迹"一词现在通常指极难做到的、不同寻常的事情,但实际上这是两个字:"奇"是独特、殊异、出人意料,"迹"是留下的印记、足迹,换句话说,奇迹不是天上掉下来的运气,而是一步一步走出来的令人惊讶的道路。我们赞叹华为这一中国企业界的奇迹时,应当看到华为走过什么样的路,为什么任正非会对 IBM 的管理方法情有独钟?为什么即使人们不理解也要僵化地去学习?是什么支撑着华为成功地走过这二十多年一次又一次的变革道路?这一切不可忽视、不可不细细品味。

第一节 学习 IBM,不要问为什么

众所周知,华为的管理方法主要是向 IBM 学习的。为什么世界上那么多优秀的公司,任正非一定要学 IBM?而且,这是在 20 世纪末国内很多企业还处在深挖洞、广积粮时,他能有这样的慧眼,的确是非同一般。

任正非当时已经洞悉企业发展的以下几个关键问题。

1. 美式战略管理是首要业务能力

中国的企业很多推崇日本和德国的精耕细作,这很符合中国人的勤劳刻苦的行为习惯,所以日本企业的管理方法很容易被我们接受。但日本企业在创新力方面不如美国,因为他们在经济发展战略研究方面整体不如美国。任正非很早就注意到战略的重要性,认为追求极致的日本精神未必是最好的,掌握大方向、大趋势可以带来事半功倍的效果。任正非在《我们向美国人民学习什么》中写道:

"IBM明确技术领先战略,贝尔实验室更是如此。所有美国高科技公司的宗旨无不如此,没有一个公司提出跟在别人后面,模仿的战略是不会长久的。"如今,华为用事实证明了任正非的认知,只有创新和超越,才是立足这个世界的法宝。

2. 研发能力是企业的核心竞争力

任正非在20世纪末访美回来后说:"我很多次去过美国,美国人民的创新机制与创新精神留给我很深的印象。他们连玩也大胆去创新,一代一代人的熏陶、传递,一批又一批的移民又带来了不同文化的冲击、平衡与优化,构成了美国的创新文化。"所以,从那个时候起,华为便开启了中国人自主创新的研发之路。这个观点在现在看来可能不难理解,可要是放到二十多年前的中国,就是不可思议了——那时的企业还在为温饱而努力,"贸工技"思维大行其道,而华为作为稚嫩的民营企业,要想和西方百年企业比肩创新,简直就是痴人说梦。

3. 以客户为中心是企业立身之本

"以客户为中心"是华为信条的第一句。很多人理解的以客户为中心只是因为客户会购买企业的产品,并没有把客户作为企业管理的驱动力去理解。任正非访美回来后说:"听了一天的管理介绍,我们对IBM这样的大公司,管理制度的规范、灵活、响应速度不慢有了新的认识。对这样一个庞然大物的有效管理有了了解。对我们的成长少走弯路,有了新的启发。华为的官僚化虽还不重,但是苗头已经不少。"解决企业官僚主义的根本方法是以客户为中心,驱动全员的工作导向。

基于任正非的这些认识,IBM成为最符合他期望的学习榜样,并且对此有着异常坚定的信念。从1998年起,任正非斥资40亿元学费向IBM虔诚拜师学艺,在捉襟见肘的艰难时刻,对IBM预留相当还价空间的咨询费没有打一分钱折扣,这种胸怀、格局与意志力是极为罕见的。

比此更艰难的是对西式变革阻力的克服。中国文化与西方世界有很多格格不入的方面,如对战略、计划、制度、价值等的认识和习惯都存在着极端的差异,这种习惯的改变是最难的。对此,任正非提出"先僵化、后优化、再固化"的方针,统一了员工的思想,终于使西方企业管理思想在中国生根开花。

一、先僵化：无奈下的坚定意志

近代中国落后西方，给人直观的感觉是技术落后，所以中国人学习国外技术表现得较为积极，但对于西方管理的心态就不一样，甚至认为五千年文化沉淀的方法是优越的，加上习惯上的差异，造成学西方管理容易产生抵触情绪。任正非提出"先僵化"实际上也是无奈之举，如果一开始大家都理解西方管理的好处，怎么需要这样别扭地僵化一下呢？僵化就是学习初期阶段的"削足适履""切肤之痛"。

任正非在华为 IPD（集成产品开发）第一阶段最终报告汇报会上谈道："我们切忌产生中国版本、华为版本的幻想。引进要先僵化，后优化，还要注意固化。在当前二三年之内以理解消化为主，二三年后，有适当的改进。"如果没有这个僵化的过程，华为不可能真正掌握西方公司搞研发的方法。

先僵化，说起来容易做起来难，削足适履肯定是个痛苦的过程，放到哪个企业都会遇到抵制的声音。这是考验经理人的时刻，很多人此时会产生犹豫和怀疑，最终选择了放弃。

二、后优化：掌握自我批判武器

仅仅依靠僵化是不够的，僵化是有阶段性的，是指一种学习方式，僵化不是妄自菲薄，更不是僵死。任正非以与合益集团（Hay Group）的合作为例讲道："当我们的人力资源管理系统规范了，公司成熟稳定之后，我们就会打破它的体系，进行创新。"这就由僵化阶段进入了优化阶段。

优化要防止故步自封和缺少自我批判精神。只有认真地自我批判，才能在实践中不断吸收先进，优化自己。华为认为自我批判是个人进步的好方法，并把能不能掌握自我批判武器，作为考核和使用干部的指标之一。只要有了这样良好的思维和行为模式，优化就会成为一种企业文化，持续的管理进步就有了保障。现在很多企业已经缺少这种自我批判的精神了，层层好大喜功，何来发展动力？

三、再固化：夯实管理平台

道，可道，非常道，世界上唯一不变的事情就是变化。但我们识别变化的基准又离不开相对的静止，因此，变化是经常的，但变化又是有阶段性的。我们能够把握的变化应该是一段时间内相对稳定的变化,就像我们只能踩在相对坚实的地面上才能够前进一样,因此,优化之后应是固化。

固化就是例行化(制度化、程序化)、规范化(模板化、标准化),固化阶段是管理进步的重要一环。

1. 例行化

管理就是不断把例外事项变为例行事项的过程。华为强调建立以流程型和时效型为主导的体系,就是要将已经有规定,或者已经成为惯例的东西,尽快在流程上高速通过去,并使还没有规定和没有成为管理的东西有效地成为规定和惯例。

2. 规范化

中国人太聪明了,所以一些人学习态度不踏实,因此需要僵化。中国人太聪明了,所以一些人总在不停顿地创新,因此需要规范。中国人的聪明是有特点的:知道得多,办法多,但规范不多。知道得多容易应付考试,办法多适应性强,但不重视规则和规范的特点,影响了中国人对科学知识、技术和理论的积累。我们不断创新知识和技术,但我们没能有效地规范知识和技术,因而我们只有知识和技术,少有知识产权和技术标准。如果我们再不把这个聪明规范化起来的话,等待我们的将是聪明反被聪明误——贫穷和受控,因此,华为重视管理规范化,以此作为长期努力的目标和任务。

僵化式学习,优化式提升,固化式执行,进一步学习,这就是华为的管理进步三步法。

第二节 华为业务奇迹与组织流程变革的关系

华为公司于1987年正式注册成立,其规模增长历程可谓是戏剧性的。我们选取1995年至2018年的销售收入数据来看(见图3.1),其增长曲线不是逼近天花板的抛物线,也不是直线增长,而是指数级增长——很多年份直接在首位数上增长,在世界企业发展中堪称奇迹。

华为销售增长曲线呈现两个明显的转折点:一个是2002年,华为的平均年增长由30亿元增加到200亿元;另一个是2013年,平均年增长由200亿元增加到将近 1 000 亿元。而与此对应的，在这两个时点前都密集地进行了一系列的变革。

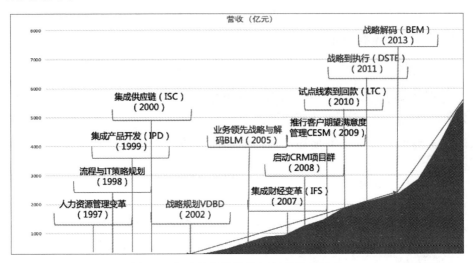

图 3.1 华为销售增长及历年变革的关系

一、第一波：苦练内功

在任正非下定决心向西方企业学习管理后，首先启动的是苦练内功的变革，这些变革包括人力资源、管理架构、研发和供应链等内在核心能力。这一阶段正值 2000 年互联网泡沫破灭的寒冬时节，华为甚至卖掉旗下电气公司以换得一张过冬棉被。但新的春天来临后，华为不仅活了下来，而且脱胎换骨地变成了一个强者，踏上新的征程。

1. 人力资源管理变革

任正非发现传统的中国式管理方法并不能帮助企业建立一种制度化的管理机制，人力资源管理的滞后将制约公司的发展，于是华为于 1997 年开始与合益集团（Hay Group）合作，进行了人力资源管理变革项目，建立了职位体系、薪酬体系、任职资格体系、绩效管理体系及员工素质模型，并由合益集团每年对华为人力资源管理制度的改进进行审计，找出存在的问题，促进解决。

人力资源变革实现了华为以客户为中心的转型目标，使华为一切围绕客户而存在。经过变革，华为的组织机构不再是因为领导需要而设立，而是根据市场中的价值创造而存在；对管理者和员工不是简单的结果导向，而是确定规则下的基于平衡计分卡的综合考核，公平合理地评价价值；对于贡献与回报不是单纯地采用即时激励，而是兼顾长远利益和战略发展目标的合理价值分配，并鼓励长期艰苦奋斗。

2. 流程与 IT 策略规划

任正非认为学习 IBM 方法其实就是一系列的流程化的组织建设，这是最最重要的。1998 年，郭平负责承接任正非最重要的一个战略目标，就是建立流程化组织，建立一套世界级的管理体系。华为请 IBM 做顾问，规划了未来三至五年的发展内容，由集成产品开发、集成供应链、IT 系统重整、财务四统一等八个子项目组成，并且将流程、组织、IT 三结合，先流程变革，再调整组织，再上 IT 系统，将变革结果固化。在 1998 年做战略规划之后，华为开始了全面的变革和优化，走上了业务大发展之路。

华为 1998 年启动的这项工作非常重要，它是后面一系列变革的基础。现在有很多企业学习华为时都忽略了这个过程，直接学 IPD（集成产品开发）、LTC（线索到回款）、BLM（业务领先模型）等某一成果，这些都是舍本逐末之举，并没有抓住华为变革的本质意义是在于组织变革。

3. 集成产品开发变革

对于科技企业，研发是最为核心的工作。早期华为的研发十分原始，用曾经担任过轮值 CEO 的郭平的话说："既没有严格的产品工程概念，也没有科学的流程和制度，一个项目能否取得成功，主要靠项目经理和运气。"

在 1999 年引入 IPD（集成产品开发）后，华为的研发经历了"削足适履""穿美国鞋"的痛苦，实现了从依赖个人、偶然地推出成功产品，到可以制度化地、可持续地推出满足客户需求的、有市场竞争力的成功产品的转变。IPD 给华为的研发带来了革命性的进步，表现在：① 实现跨功能部门协作；② 明确研发流程的使命、角色和职责；③ 提供基于市场和投资回报管理的项目目标和团队管理；④ 明确管理体系中与其他领域流程的关系；⑤ 资源的有效利用；⑥ 核心竞争力的不断积累。

4. 集成供应链变革

华为于 2000 年启动了 ISC（集成供应链）项目。当时供应链效率不高，基本的业务计划和预测体系都没有建立起来,公司经常因供不上货、发错货收到投诉,为此还专门成立了"发正确的货小组",运动式地解决发货问题。

通过 ISC 变革,华为以 SCOR 模型(供应链运作参考模型)为基础,坚持软件包驱动业务变革的策略,用一个统一的"ERP+APS"取代了几十个零散的 IT 系统,瞄准客户建立了包括六个供应中心、七个枢纽(Hub)以及国家中心仓库的、集成的全球供应网络,这使华为在供应的质量、成本、柔性和对客户响应速度上都取得了根本性的改善,有效支撑了业务的全球大发展。

美国商务部在 2019 年 5 月 16 日宣布将华为公司及其附属公司列入管制"实体名单",突然地要求美国及全球相关供应商对华为断供。然而华为很快拿出备胎计划,以一家公司之力抵御西方大国的封锁,令世人震惊,其底气就是来自于华为 ISC 变革带来的核心能力提升。

二、第二波:提高战斗力

随着华为核心能力的提升,业务量也随之大幅增加,企业的突出问题逐渐转移到销售和交付能力。2007 年起,华为开展了新一轮密集的变革,提升营销能力,而到了 2013 年,这些能力得到体现,华为的营收再次戏剧性地迈向更高的发展速度。

1. 集成财经变革

华为在快速发展的过程中,一方面承载了来自业界的各种压力和期望,客户需要更多的专业财经解决方案和流程协同解决方案,希望看到华为透明的财务信息、稳健的财务表现。另一方面,华为的业务运作中出现了一些问题,商业模式效率低,交付不及时,配置信息未打通,开票回款问题多,财务管理水平不足,供应商付款不及时等,业务与财务不能有效融合。这些因素对公司的财务表现和能力提出了更高要求。为了解决这些问题,华为提出 IFS(集成财经变革),主张业财融合,让财务走入业务大门,成为业务的伙伴,助力企业扩张与内控的和谐统一,在加速现金流入、准确确认收入、项目损益可见、经营风险可控等方面取得了根本性的进步,支撑了公司可持续、可盈利的增长。

当时 IFS 项目的主导方是财经部门,以解决财经问题为目标,但项目一期落地的内容大多数在其他业务部门,如商业模式(框架 +PO 模式)重点在前端销售部门，交付计划和监控主要在合同履行部门，配置打通主要在供应链部门等，所以这个项目充分体现了华为跨部门合作机制。如果放在科层制组织的企业中，完成这样的变革项目是不可想象的。

2. CRM 项目群

为规范市场销售领域的流程和行为，提高创收能力，管理和控制潜在风险，2007年起华为启动 CRM 项目群，与埃森哲进行合作。之所以叫项目群，是因为其下包括了若干子项目，如 LTC（线索到回款）、MTL（市场到线索）、CESM（客户期望与满意度管理）、MCE（管理客户关系）等。目前，大多数子项目已经运作起来，使得市场销售相关活动有条不紊，工作效率大大提高，管理者牢牢地掌控着运营状况。

3. 客户期望与满意度管理

CESM（客户期望与满意度管理）是埃森哲向华为推荐的一个项目，目的是帮助华为认识客户期望和满意度与现实的关系以及如何处理这样的问题。客户期望往往是超过一家企业现实的能力，这就需要企业保持与客户的沟通，降低客户的即时期望，但同时要管理好对客户未实现的期望，继续优化产品和服务，直至满足客户的期望。

CESM 项目的思想和原则对华为手机的发展起到了重要的作用。相对于其他手机提供商，华为手机起步较晚，能否赶超先进者是华为管理层感到困惑的问题。最终，华为手机业务聚焦于客户体验，通过第三方调查、内部客户体验及建议等方式，收集大量客户对手机发展的期望（包含大量内部人员从客户视角提出的包含新技术应用的需求）。在这些需求的驱动下，华为手机才得以迅速地发展并实现超越。

4. 线索到回款变革

LTC（线索到回款）是华为面向大客户营销的主流程，从线索发现开始，管理机会点和合同执行，直至收回现金，端到端地拉通。LTC 基于销售管道营销（或者叫销售漏斗）的方法，将潜在的客户对象通过引导和过滤，最终成为购买产品或服务的客户。这个方法在几乎所有的 CRM 软件中都有体现，但华为将许多自身的实践凝聚在这个流程上，经过埃森哲咨询顾问的指导和系统化整理，在这个方法上定制了大量的个性化需求。一位 Siebel 的（华为为 LTC 选购的软件平台）工程师感慨道："我们给那么多世界 500 强实施过 CRM 软件，没有一家公司像华为这样提出这么多定制化需求的。"

实施 LTC 项目提升了公司对营销的管理，强化了职能的作用，规范了高效的审判决策流程，明确了铁三角、项目四算等销售团队运作要求，并且为营销业务的量化管理和科学决策提供了条件。

三、其他配套的变革

华为的变革是全方位的，自 1998 年进行了流程 IT 建设规划后，流程 IT 部针对各领域都建立了分部门，同步开展工作。公司级的重大变革虽然开始于不同年份，但不能说启动晚的部门在之前没有进行变革工作。例如销售领域的 CRM 变革项目群虽然启动于 2007 年，但之前内部已经研究了很多流程和业务做法，只是到了这个时点需要"外脑"帮助更好地梳理。

各个领域的变革也是大小不一，因此，现在也很难统计华为至今究竟搞了多少变革。但可以肯定的是，这些变革在各个领域一直是持续进行着。以战略部门为例，他们分别在 2002 年实施了 VDBD 模型（基于价值驱动的业务设计）、2005 年实施了 BLM（业务领先战略与解码）、2011 年实施了 DSTE（战略到执行）和 2013 年实施了 BEM（战略解码），这些在引导华为走向正确的战略航向上发挥了非常重要的作用。

第二篇 双向指挥系统——流程型组织的管理体系基石

　　任何一门学科无论其多么复杂，往往都是建立在少数几个原理之上的，与不同条件和场景结合，演绎出各种各样的推理、定律和结论，如物理学的基础是四种作用力，并且科学家们仍在探索统一场论以求得更简单的大厦根基；欧几里得和黎曼基于不同的假设，构建了不同的几何学体系。管理学的"统一指挥"到"双向指挥"，也是一个基本思路的改变，这样整个管理体系的走向就会不同，在权力框架、组织构成、运作机制等方面会发生彻底的改变，构成一个新的管理体系。

科层制克星：管理职能与流程责任人

扁平化管理是现代许多企业解决管理层级过多这一难题的管理思想，以期把金字塔状的科层制组织形式"压扁"，减少层级，"恢复"到原来那种行动高效的状态。但是，真的能达到效果吗？为什么很多精兵简政的机构改革执行不了多久就又悄悄回到原来的状态？企业大了就会遇到许多企业小时没有遇到的问题，管理的配置不可能依然是小企业模式，所以追求形式上的"压缩"无济于事，而是应当换一种思路，找一种透视的方法，无论科层制穿了几层外衣，也能洞察到深处的毛病。这种透视的功能实际上每个企业都有，就是各种职能部门，他们在所负责的领域是最专业的，但由于厚厚的部门墙，他们没法进行穿刺诊疗，因为这会触痛企业的神经。但是，怕痛是懦夫的行为，不接受穿刺的企业就不能健康地成长。

第一节 不可或缺的价值链与企业职能

现在找一家企业要一张组织架构图，基本上瞬间就可以拿出来，但是如果要一张价值链图，恐怕很多企业就没有了。有人会说，那个价值链的东西在教科书中见过，很简单，只有一个大模块，没什么实用价值，企业组织结构那么复杂，那个图怎么能表示出来？

其实那个价值链看似简单，却是一个很重要的业务框架。框架的作用是框住边界，看似不是实际的东西，但却有着不可或缺的作用。如果我们没有国界线、省界线，怎么规划一条公路修到哪里？现实中很多企业埋头设计组织结构时，往往把应该属于这个部门的工作划分到另一个部门，造成资源效用不高，例如中国很多企业没有明白市场与销售部门、采购与行政部门的区别，张冠李戴现象时有发生，所以，我们不能把价值链框架扔进废纸篓。

一、什么是价值链

价值链（Value Chain）概念首先由哈佛大学商学院教授迈克尔·波特（Michael E.Porter）于1985年提出。他认为"每一家企业都是在设计、生产、销售、发送和辅助其产品的过程中进行种种活动的集合体。所有这些活动可以用一个价值链来表明"。企业的价值创造是通过一系列活动构成的，价值链分析法将企业的生产经营活动分成基本活动和支持活动两大类：基本活动是指生产经营的实质性活动，一般可以分为原料供应、生产加工、成品储运、市场营销和售后服务等活动，这些活动与商品实体的加工流转或服务的增值直接相关，是企业的基本增值活动；支持活动是指用以支持主体活动而且内部之间又相互支持的活动，包括企业投入的采购管理、技术开发、人力资源管理和企业基础结构（见图4.1）。这些互不相同但又相互关联的生产经营活动，构成了一个创造价值的动态过程，即价值链。

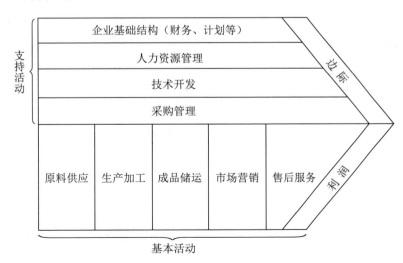

图 4.1　价值链参考模型

我们从外部去看一家企业，通常并不关心其内部的实现过程，而是关心它的产品和服务是否令自己满意。但如果把"企业"这个"黑匣子"打开，我们可以发现企业创造价值的过程是不尽相同的，有些企业只是组装成品，有些则自己生产部分关键的部件，这样他们内部一系列的"增值活动"是不一样的，即企业的"价值链"各具特色，其结果形成了产品和服务的差异。

以汽车行业为例，通常分为汽车生产、汽车销售、汽车维修、购车贷款、汽车保险、汽车租赁等几个价值链环节。在20世纪80～90年代，日本五十铃汽车公司的价值取向是利润会随着销售收入而增长，因此看中市场销售和市场份额，所以把目标放在生产产能上，通过规模优势获得更低的成本，从而保障销量。基于这种认识，五十铃的企业价值链为：

技术研发 → 产能布局 → 全球采购 → 汽车生产 → 汽车销售

与此同时，美国的福特汽车公司从价值链分析中捕捉利润增值最大的部分，选中的企业价值链是：

汽车生产 → 购车贷款 → 汽车保险 → 汽车租赁

五十铃与福特两个公司选择了不同的价值链，分别出于不同的战略目的，也导致了不同的结果。五十铃实施大规模生产战略，原本以为可以适应市场需要，但恰逢遇到行业不景气，过大的生产规模反而成了企业的负担，企业出现连年巨额亏损，最终不得不出卖轿车事业部给日产汽车公司。反观福特的情况，在1996年汽车租赁、购车贷款、汽车保险三项非生产性业务销售收入虽然只占整体的1/5，但利润却高达50%，安然度过了行业困难时期。

二、价值链的作用

价值链的第一个作用是企业战略的体现。企业经营战略是决定企业经营活动成败的关键因素，很多竞争的结果在战略起跑线上已经注定了，因为如果战略定位在一个没有多少价值的产业价值链环节，无论多努力也不能获得足够的利润。正因为如此，像美国这样的国家，企业特别注重战略定位，始终努力捕捉着价值链高端环节，创造了最多的新商业模式。

战略的本质是选择，是用有限的资源和能力获得最大的目标利益，因此战略必然要舍弃一部分利益来确保另一部分更大的利益。战略的这一特点决定了一个好的战略必然是有特色的、有个性的,大众化的战略选择不能增加企业的竞争力。中国在过去40年的发展模式有其特殊的历史背景,即使是同质化竞争也使不少企业发展起来了,但这种条件已经不复存在,越来越多的企业需要依靠有特色的经营方式才能活得更好。

价值链分析就是企业战略的体现,倚重产品还是倚重服务?聚集资本还是聚集人才?打造平台还是自营业务?这些都可以在价值链中得到清晰的体现,而通过价值链来明确和固化战略取向,可以使客户、资金、人才向有利于公司战略的方向凝聚,否则模糊的战略不能获得合作伙伴的支持。

价值链的第二个作用是指导企业职能部门的设置。价值链同时也是战略落地执行的指引,因为价值链是企业最基础、最关键活动的构成,这些关键活动就成了战略执行的关键控制点。这些关键控制点有着一夫当关的作用,因此必须将责任落实到具体的组织中,这就是职能部门设计的依据。

三、企业职能和职能部门

企业职能是按照专业职能将企业战略进行具体落实和具体化,将战略转化为可执行的过程,在这个过程中各职能发挥了不同的作用,为战略价值链的不同环节增值。

企业职能落实到一个具体部门便是职能部门。与业务部门不同的是,职能部门从职能的角度管理公司。有些企业没有注意这两类部门的区别,结果以业务部门代替职能部门,从而削弱了职能部门的作用,导致价值链和公司战略无法实现。例如,有些企业有不同的产品线,因此设置了不同的生产部门,由于产品线差异性大,他们不认可一个公共的生产管理部门,于是这个企业就只有生产业务部门,没有生产管理职能部门,这样在这些生产部门间的资源分配就没有统筹规划管理,企业战略在生产环节就不能很好地落实。

没有职能部门并不代表这个企业不能运作下去,战略不能得到贯彻,但至少说明运作和执行的效率是不高的。职能可以分散到各个业务中,但这将失去统一的管理和协调,使得企业价值链上关键控制点管理效率很低,例如管理者无法随时查阅这些关键控制点的整体报表或报告。

第二节 基于价值链的职能部门设计及意义

一、企业部门划分

部门划分是指按照一定的方式将相关的工作活动予以划分和组合，形成易于管理的组织单位，如部、处、科、室、组等，这些通称为部门。所谓部门，是指组织中的各类主管人员按照某种原则，为完成某一类特定的任务而有权管辖的一个特定领域，它既是一个特定的工作领域，又是一个特定的权力领域。部门设计有多种多样的划分角度，各企业采用不同的标准，于是形成不同形态的组织结构。常见的部门划分方式如下。

1. 按职能划分

按职能划分部门是大多数企业必不可少的方法，是根据生产、业务、管理专业化原则，以工作或任务的性质为基础来划分部门的。这种划分方法遵循了分工和专业化原则，有利于充分调动和发挥企业员工的专业职能，有利于培养和训练专门人才，提高企业各部门的工作效率，加强了上层控制手段，有利于目标的实现。这种方法极为普遍，但运作中容易产生的问题是：易导致所谓的"隧道视野"现象，职能部门容易从自身利益和需要出发，忽视与其他职能部门的配合，各部门横向协调差。

2. 按产品划分

这种方法划分的部门是按产品或产品系列来组织业务活动。这种划分方法的优点是：这样能发挥专业设备的效率，部门内部上下关系易协调；各部门主管人员将注意力集中在特定产品上，有利于产品的改进和生产效率的提高。但是这种方法使产品部门的独立性比较强而整体性比较差，加重了主管部门在协调和控制方面的负担，要求更多的人具有全面管理的能力。

3. 按地区划分

相比较而言，这种方法更适合于地区分布较为分散的企业，目的是调动地方、区域的积极性。当一家企业在空间分布上涉及地区广泛，并且各地区的政治、经济、文化、习俗等存在差别并影响到企业的经营管理，这时就将某个地区或区域的业务工作集中起来，委派一位主管人员负责。这种方法的优点是：因地制宜，取得地方化经营的优势效益，有利于改善地区的协调，有利于培养管理人才。缺点是：需要更多的具有全面管理能力的人员；增加了最高层主管对各部门控制的困难，地区之间不易协调。

4. 按服务对象划分

这种方法根据服务对象的需要，为客户提供定制化、专业化的部门服务，如生产企业可划分为专门服务于家庭的部门、专门服务于企业的部门等。这种方法的优点是：提供服务针对性强，便于企业从满足各类对象的要求出发安排活动。缺点是：按这种方法组织起来的部门，主管人员常常列举某些原因要求给予特殊照顾和优待，从而使这些部门和按照其他方法组织起来的部门之间的协调发生困难。

5. 按技术或设备划分

这是一种围绕技术或设备特性进行的部门划分，以为保障这些技术或设备所需要的资源。这种方法常常和其他划分方法结合起来使用，其优点在于能经济的使用设备，充分发挥设备的能力，便于设备的维修和材料供应，同时也有利于发挥专业技术人员的特长。

6. 其他划分方法

在一些组织中，也常用按人数划分、按作息时间划分、按市场营销渠道划分，甚至按字母代号等各种特殊维度来划分部门，因此，部门划分方法不可穷尽，只要能够满足企业管理者的管理目标或管理效率，都可以成为部门划分的方法。

二、基于价值链的职能部门划分及其意义

通常单一的部门划分方法是不能满足一家企业的需要的，在实际的管理活动中，常常是用混合的方法划分部门，即选择多个划分标准混合运用，例如当销售区域面向全国甚至世界各地时，单一的销售职能部门是满足不了业务需求的，企业必然还会选择按地区划分。

当企业选用多维度划分部门时,带来的问题是哪一个维度是主要维度?在直线职能制中,业务线是主要的,职能起参谋作用,但在流程型组织中,职能依据企业价值链被首先设计出来,成为所有部门划分中最主要的标准。

基于价值链的职能部门划分,其意义如下。

1. 企业职能可以形成完整的体系

在直线职能制中,职能部门处于参谋作用,在长期运行中会逐步淡化和弱化,一切以业务为导向,目光短浅,风险失控,山头主义盛行,导致企业实际的管理效率低下,无法实现企业的战略目标。

基于价值链的职能部门设计和划分可以克服这种陋习,因为沿着价值链,可以构建完整的企业职能体系,保障重要的管理部门不会缺失,战略控制点得到有效管理,流程畅通,执行高效,系统地建立起面向客户、面向市场竞争、职能部门配合默契的业务体系。

2. 保障机构精简

机构臃肿是"大企业病"的一个体现,其原因之一就是无序的部门划分原则。将以价值链为基础的职能部门划分作为主要标准,企业划分因素都在此管理之下,可以使企业方便地从职能维度进行全面管理,遏制机构的无序膨胀,降低企业管理成本。

3. 保障组织的稳定性

相对于其他部门划分因素,基于价值链的职能部门划分是最稳定的。其他因素往往会因为产品、客户、业务量等的变化而频繁调整,但价值链基于公司战略执行方针,需要有相对稳定性。价值链变更意味着战略方向的变化,而一个好的公司是不可能频繁改变战略方针的。

4. 保障职能的管理和监督作用

企业的业务必须得到监督,才能在发展业务同时保障风险,否则,一个小小的"雷"就可能炸塌整个企业。监督不能只依靠监督部门,而是需要各个专业领域基于各专业的特点和原则进行监督,而职能部门正是具有这样的专业管理能力的部门。价值链管理的作用在于明确了企业需要哪些"专业"部门进行分段管理。

5. 理顺部门间协调关系

很多企业遇到没有明确规定的问题时，由于传统原则与观念是下级服从上级，此时只有通过领导来协调，其实这种方法并不高效。价值链方法明确了职能部门之间的工作衔接关系，责任清晰，遇到问题时按图索骥便可找到责任人，问题处理显然会变得更加高效。

第三节　将是将，帅是帅，流程责任人要分开

流程责任人（Process Owner）是指企业中对业务流程承担最终责任的人，负责达成流程绩效指标和保障流程遵从，在权限范围内组织对流程的变革和优化并签发流程文件。在流程型组织中，流程责任人不是某一个流程的责任人，而是一个责任人体系，自上而下授权和行权，由一系列责任人组成，按一定的范围制定业务流程和管理执行。

流程责任人体系与部门责任人体系应当是两个体系，很多企业对此有着误区。最常见的是他们把流程责任人体系与部门体系等同，将流程责任人与部门责任人的级别对应起来，什么样行政级别的部门领导对应什么样级别的流程责任人，这样会引起较大的混乱。例如，一个前台部门的销售业务主管和后台部门的销售职能主管，他们的行政级别是一样的，但流程级别能够一样吗？销售职能主管是销售政策的制定方，站在公司层面管理最高等级的流程，而销售业务主管只能在不违背公司流程基本要求的前提下作适当的完善，所以他们在流程责任人管理级别上是不一样的，否则可能出现"地方法规"高于"中央法规"的情况，而基层员工一定是执行地方法规的，这样会造成中央法规形同虚设的现象。

一、首席流程责任人——CPO

通常一家企业的业务总负责人是 CEO（Chief Executive Officer，首席执行官），他的使命是指挥公司的业务开展，但在流程型组织中，CEO 的指挥要依据一定的流程，那么谁来建立流程？这就需要 CPO 这样的首席流程责任人（Chief Process Owner，注意流程体系称为 Owner，不是 Officer）。CPO 不是 CEO 的下属，两者可以集于一身，也可以分开，关键是代表两项不同的职责——内部资源

管理和对外业务指挥。

正如 CEO 可以下设不同的职能助手，如 CTO、CFO、CIO 等，CPO 也可以下设 BPO、RPO、BUPO 等，对其进行授权，构成企业的第二套管理体系，两套体系一实一虚，但沿着两个方向起作用。

CPO 是一个新兴的课题，业界采用的企业并不多，通常很多企业的流程 Owner 级别不高，只是某一个流程的制定人，甚至是起草人而已。华为在实践中总结出高层流程责任人的必要性，他们负责的不是一个流程，而是沿着流程架构负责一个领域的流程，并且有权对未形成的流程问题进行仲裁。他们将最高的流程责任人称为 GPO（Global Process Owner，全球流程责任人）。GPO 在华为不止一个，按照华为的定义，GPO 与一级流程架构对应，理论上一个业务领域就有一个 GPO，如销售领域的 LTC GPO、研发领域的 IPD GPO 等。不过，华为的这种形式有其特殊背景，如华为的轮值 CEO 制度、片联制度等，这造成华为可能不止一个 GPO 的存在。为理解的方便，本书先不引进 GPO 概念，以便保留一个基本的模型结构。若企业需要，可以在实际中研讨。

二、业务职能维度的流程责任人——BPO

流程型组织中由于部门划分主要的基线是沿着价值链划分的业务功能模块，因此，流程责任人第一个授权维度是沿着职能授予 BPO（Business Process Owner，业务流程责任人），如研发 BPO、销售 BPO、财务 BPO 等，可以理解为各个职能部门的将领。

每个 BPO 可以根据需要向下再授权，例如研发 BPO 可以细化研发的流程结构，分解为不同的 Sub-BPO，分别负责产品预研、产品设计、产品开发、工艺开发、产品测试、平台支持等环节。需要说明的是，BPO 向下授权的原则是功能上的细分，而不是按业务线条（如流程按不同的产品分成产品线流程责任人），以保障 BPO 沿着价值链的"业务增值"这条线进行分解。

BPO 的职责有：

（1）组织制定本领域流程架构及 Sub-BPO 授权。

（2）推动本领域流程的建设与优化（包括内控、质量、数据、IT 等要素），从业务需要出发，建立通用主干流程，提高效率和资源共享。

（3）对本领域的流程遵从负责（包括企业架构、流程、内控、质量、数据、IT 等相关标准和要求）。

（4）以客户为中心，协调和仲裁本领域争议事项，持续提高客户满意度。

（5）批准、发布并生效本领域流程。

三、其他维度的流程责任人——RPO/BUPO

有些部门是依据其他维度划分的，如按区域、按产品等，就可以根据这些维度授权流程责任人，可以理解为指挥业务的元帅（但这个业务上的帅没有对职能上的将的领导权）。例如，按区域维度可以设置和授权 RPO（Regional Process Owner），按业务单元可以设置和授权 BUPO（Business Unit Process Owner）。RPO/BUPO 可以沿着本条线继续向下授权，例如 RPO 可以继续授权国家、地市的流程责任人，BUPO 可以继续授权产品线流程责任人等。这些流程责任人由于不是从职能维度进行划分的，所以可以跨职能领域进行管理，但管理的范围受到限制，不能违反 BPO 签发的流程，只能在许可的范围内补充完善，形成本地化流程。

RPO/BUPO 的职责有：

（1）制定本领域 Sub-RPO/BUPO 授权。

（2）推动本领域的流程适配，完善末端流程，解决流程执行中的问题。

（3）对本领域的流程遵从负责（包括企业架构、流程、内控、质量、数据、IT 等相关标准和要求）。

（4）以客户为中心，协调跨部门问题的解决，持续提高客户满意度。

四、BPO 对 RPO/BUPO 所辖部门的管理方式

有关 BPO，他们代表的是职能部门，而 RPO/BUPO 则代表的是业务执行部门，由于流程型组织中职能部门是管理的主线，因此职能部门对业务部门具有业务上的管理关系（注意：不是行政级别上的领导关系）。既然 RPO/BUPO 在业务上接受代表不同职能的 BPO 管理，RPO/BUPO 便可以授权流程责任人或对接人，分别对接不同的职能 BPO 及其部门。如果授权的是流程负责人，如 RPO 授权 RBPO、BUPO 授权 BUBPO，则这些流程责任人可以代表 RPO/BUPO 签发对

应职能及授权范围内的子流程和补充规定。

这意味着 RPO/BUPO 也可以从职能和非职能两个维度对流程责任进行授权，而作为业务执行的流程责任人，对其所属部门也按职能进行分解和授权，其好处是使企业的任何一个部门都获得了企业价值链基因，使得流程在任何一个部门都有一个完整的责任链，任何一个流程要求在每个部门都有对接和响应，而不是遇事请示领导才能得以执行。

图 4.2 是流程责任人体系运作示意图。从图中可以看出，流程型组织运作是按照严格的矩阵型结构，但与矩阵型组织不同的是，流程型组织的矩阵结构是固定的，不会因为横向的项目组完成任务而撤离，因此流程型组织是真正的矩阵型。这种固定的矩阵强化了双向指挥，而且由于明确的管理权与指挥权的分工，使其运作可以有条不紊。

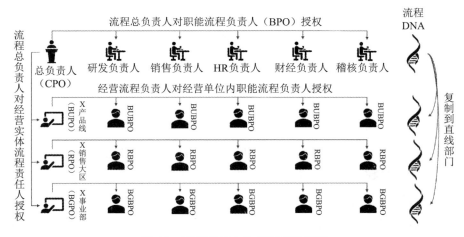

图 4.2 流程责任人体系运作示意图

五、流程型组织与矩阵型组织的本质区别

流程型组织的两个维度不是"部门＋项目"的形式，而是"职能部门＋业务部门"。对于"部门＋项目"模式，其目的是在特定的情况下打破部门壁垒，实现跨部门协作，但问题是建立的部门壁垒不是没有意义，科层制在行政效率方面仍然是无可替代的，随意地打破部门墙会顾此失彼。

"职能部门＋业务部门"模式将部门分为两类，一类业务部门，它仍然可以构成科层制，发挥业务执行的高效率，但与此同时通过职能部门的管理和监督作用，穿透科层制的权力阻碍，一管到底，有效地遏制了科层制的弊端。同时，职能的设计是按照企业最顶端的、最核心的价值链流程，因此向科层制体系贯穿的内容就是流程，就是被科层制阻隔了的流程。因此，流程型组织是打破科层制壁垒、消除"大企业病"的有效方法，较以往的组织形式更具有先进性。

第四节 双重权力体系的复用关系

流程责任人体系是否意味着企业需要增加一套权力体系？是否需要增加一套领导班子？按照管理权与指挥权分开的原则，岂不是一件事变成两个人来做，管理层人员应当随之而增加？很多人会担心这样增加了企业的管理成本，使管理层更加臃肿。

其实，在流程型组织中管理权和指挥权仍然可以基于一个管理者一身，只是权力施用的方向有所区别。在传统组织中，管理权和指挥权不仅集于管理者一身，权力的施用对象也是一致的——所辖部门的员工；而在流程型组织中，管理权的施用对象是所辖部门，而指挥权的施用对象可以超出本部门，沿着所主管的业务流程扩展到其他部门。

一、两种权力体系并存的必要性

既然不需要增加单独的流程责任人体系，是否就可以基于现有的组织架构来任命责任人体系呢？现实中确实有相当多的企业是这么做的：他们把流程责任人与组织机构的负责人做了对应，以什么样级别的企业和部门负责人对应什么样层级的流程责任人。例如，有的企业统一规定各业务模块总裁对应一级流程负责人，副总裁对应二级流程负责人，部门经理对应三级流程负责人等。

把企业组织结构与流程责任人直接对应这种方法有以下危害之处：① 模糊了传统组织与流程型组织的区别，使企业在思想上仍然没有摆脱科层制的影响，违背流程型组织以客户为中心的初衷；② 混淆了流程型组织基于职能为核心的划分基础，因为传统组织划分不完全基于职能，很多直线因素甚至影响力更深；③ 组织发展可以参考的因素较多，组织需要基于这个灵活性而快速适应外界变化，但流程体系要求稳定，很多非职能因素不能作为流程体系的依据，也就是说组织体系中的很多职位并没有流程责任人可以对应。

二、两种权力体系的复用

流程型组织中流程责任人权力体系需要与组织架构权力体系相互独立,组织架构权力体系负责管理权,即部门的设置、员工的培养、绩效考核、能力发展等,而流程责任人权力体系负责业务流程的建设,以流程驱动业务活动,包括业务协调和仲裁等。

由于管理权和指挥权可以集于一身,因此一个管理者可以同时在两个体系中任职。例如,一家企业的 CFO 可以在组织机构体系中担任财务部总经理,同时在流程责任人体系中担任财经流程的责任人(财经 BPO);一个销售经理人可以在组织机构体系中担任某个区域销售总裁,同时在流程责任人体系中担任某一区域流程责任人(××区域 RPO)。流程责任人体系与组织结构体系有点类似人大与政府的关系,一个官员可以在政府中负责某一个部门,同时在人大中负责某一项事务。

如果管理权和指挥权集于某人一身,是否就会到"统一指挥"的老路子上来了?其实,"统一指挥"本身没有错,管理权与指挥权都是为企业经营目标服务,正如中国人民解放军中有军事指挥序列和政治委员两个权力体系,但都是为了同一个目标而工作。有些指挥员兼任政委,他只是一人承担两项不同的工作,并非是两项工作混为一谈。科层制的管理权和指挥权的对象都是部门下属,因此是"统一指挥"下的单向指挥,而流程型组织则是"统一指挥"下的双向指挥,两个权力施用对象是不同的。

三、两种权力体系下的考核关系

前文已经说过,管理权是实权,拥有资源分配、业绩考核、能力培养的权限,因此对员工的晋升和发展起着决定性的作用;指挥权是虚权,只能指导员工的工作,包括业务开展的计划、部署、协调、质量控制等。由于流程型组织中每位员工的工作都在依照流程或者在跨部门项目组中工作,员工所在部门的直接领导并不指导和管理他们的工作质量,这就带来一个问题:员工的业绩考核由谁负责?通常只有指导和管理业务工作的领导才对员工业绩好坏享有发言权,因此,考核权应当来自于项目经理或者业务流的主要负责人,而部门领导并没有参与指

第二篇 双向指挥系统——流程型组织的管理体系基石

导业务,没有第一手资料来给予正确合理和有说服力的考核。但是,在流程型组织中依然要求享有实权的部门领导来进行考评。

让一个没有参与具体业务的领导依然对下属进行考核,这是出于加强职能管理的目的。一个实体部门的领导通常也负责着一项流程,这个流程代表着某种职能,如销售经理代表销售职能,财务经理代表财务职能,都要以履行好自己的职能为第一要任。当部门负责人安排下属参加某个项目时,他所委派的员工也要履行自己的部门职责,如果其在项目的协调中放弃自己的职能原则,那么即使项目组认为这个员工表现很好,但从本部门职责的角度看也是不合格的。例如,财务经理安排财务人员参加某个销售项目组的工作,为尽快促成合同的签订,财务人员放松了风险问题的把控,销售团队对其给予了高度评价,但财务经理此时不能因为项目组给予这位员工的好评而给予他好的业绩考核,反而应该对其违背财务要求而给予差评。

流程的畅通不能以牺牲职能要求为代价,相反,应当追求各项职能管理要求都达到满足的前提下寻求平衡。这自然会增加工作协调的难度,但只有克服了这样的困难,才能达成真正有价值的业务方法和流程。那些就事论事、只图局部利益的所谓的流程拉通,都是头痛医头、脚痛医脚,按下葫芦浮起瓢的做法。

第五节 职能权力的发挥——"你的地盘我作主"

企业管理过程中,明确职能职责通常是确保工作有序开展的重要前提,同时也是企业管理规范化的重要内容。非规范的和模糊的职责范围,严重制约了工作效率的提高及员工潜能的充分发挥,因此,企业追求明确的内部职责的划分、定义和负责人,以提高工作效率。基于这个思想,企业界普遍实行按部门管理,明确管理边界,避免跨界管理,因为跨界管理会使职责产生混乱。

但事实上正是这种不能越过雷池半步的思想,使得企业在遇到跨界或者界限不清楚的事情时,没有部门能够承担,因此这种方法并不能真正地提高企业工作效率。跨界管理并非洪水猛兽,运用得好,是可以发挥非常有效的作用的。

一、关于"长臂管辖"

"长臂管辖"是源自美国的一个法律用语。美国司法长期奉行的"长臂管辖权"（Long Arm Jurisdiction）是指"当被告人的住所不在法院地州，但和该州有某种最低联系，而且所提权利要求的产生已和这种联系有关时，就该项权利要求而言，该州对于该被告人具有属人管辖权，可以在州外对被告人发出传票"。

近年来，美国基于自身国内法对全球多个国家重要个人、企业实体乃至政府部门实行单边强制制裁措施，例如将华为等中国企业列入实体清单、扣押华为公司高管等。这些事件中，"长臂管辖"已是美国以执行国内法为借口，推行全球霸权的惯用手段，无端破坏国际关系准则，恣意干涉他国内政，强力打压他国企业，如此管辖，引起了各国的愤慨。

但是，如果我们单纯从技术性角度看，"长臂管辖"并非一点道理都没有。全球化使各国分享着彼此的利益，美国是重要的组成部分，对其拥有的资产享有一定的管理控制权力，例如美国主导建立了美元为核心的全球金融结算体系，各国搭上了这个便车进行贸易结算。但是，"长臂管辖"之所以被世界各国诟病的原因在于：① 它不是多边协商而达成的一致意见，侵犯他国利益是难免的；② 美国利用其霸主地位单方面实施"长臂管辖"，并不接受其他国家的"长臂管辖"，例如美国多次拒绝执行联合国决议。

二、企业职能需要发挥"长臂管辖"作用

我们通常觉得企业职能的边界要清楚，但实际上边界是不可能清楚的，因为部门间工作呈现着你中有我、我中有你的状态。例如，销售部门虽然不是产品的研发和生产者，但销售人员是客户的接触者，客户需要的产品属性和质量销售人员是最清楚的，从这个角度讲，销售也应当在产品研发和生产中扮演角色。同样，研发人员如果不是想着做一个能卖掉的产品，而是自娱自乐，那么这样的产品是没有意义的，所以研发人员也要设身处地地扮演销售的角色。这就是为什么流程型组织中要把流程基因复制到每一个部门，可以说职能有分工，但也有着千丝万缕的联系。

每一个职能部门不能只管着自己部门的事情，而是应当管理好企业中所有相关自己职能的事，因此一个职能部门要用"长臂管辖"的方法跨越部门，管理"整个"职能。这样做的好处如下。

1. 更多、更有效地利用企业资源

通过"长臂管辖"，职能部门可以有效地利用企业资源，发挥最大的作用。

例如，对于内控和监督这样的工作，如果仅仅认为是内控监督部门的事情，那么每个部门都会等着接受检查，这对内控监督部门有限的资源是极大的压力，但如果内控监督部门发挥"长臂管辖"作用，要求各部门自己先进行自查，这样可以卷入各部门的资源参与管理控制工作，使内控监督工作做得更加彻底。

2. 提高和完善部门的能力

对于被"长臂管辖"的部门，实际上也是一种能力的提升，像上述所属的内控和监督，便是使职能部门获得自我识别短板不足、持续改进的动力。再如企业的战略工作，也可以由战略部门通过"长臂管辖"促使研发、营销、供应链、财经等部门制定各自的专业战略路线，与公司的战略相呼应。

3. 彻底穿透科层制阻碍

扁平化与管理跨度一直是一对矛盾，这是基于科层制设计的直线职能制体制下无法根本解决的。但是，如果职能部门通过"长臂管辖"深入其他部门，这便成为最高层的一个有效助手，可以从不同角度穿透科层制而一管到底。

4. 使企业构成有机整体

一个部门"长臂管辖"是不公平的，但如果每个职能部门都在自己的专业范围内实施"长臂管辖"，不仅公平合理，而且能促进部门的协作配合。"长臂管辖"会让部门之间感到你中有我、我中有你，不协调配合的结果是得不到对方的协调配合，使自己的工作陷入困难，所以，"长臂管辖"只会促进部门间的合作，不会加深隔阂，这使企业形成了有机运作的整体。

第六节 管理职能回归，科层体制让位

流程型组织单独为企业职能构建权力体系，并且通过"长臂管辖"行使管理，这大大加强了职能在企业中的地位，这与直线职能制是完全不同的思路，因为直线职能制中职能处于参谋地位。为什么会有如此差异？这种改变会带来什么好处？

直线职能制中的"直线"代表着经营活动，"职能"代表着管理活动，经营与管理（Operation vs Management）有何区别与联系，一直是企业界讨论的话题。有人认为经营重要，"当管理水平超过经营水平，企业就离亏损不远了"，但也有人认为管理水平是企业经营好坏的根本保证。

从一家企业所有者来说，经营好一家企业与管理好一家企业，其本质上没有多大的差别，都是要让企业发展下去。所不同之处在于方法上，"经营"者在于亲身经手，积极营生，而"管理"者在于疏通淤塞，顺应规律。相对而言，"经营"对企业即刻的生死关系更多，需要企业家力挽狂澜，用时间换空间；而"管理"能让企业活得更加稳健，更能抵御强敌，具有一招制胜的能力，是用空间换时间。

之所以大部分企业更注重经营是因为：① 这是企业从小到大的必经之路，企业发展之初能够"活下去"是硬道理；② 现代企业离不开资本的支持，而资本具有天生的逐利性，这驱使了企业时刻追求利润最大化。在这样的企业中，CEO 扮演着很重要的作用，需要具有很强的能力参与和指挥公司经营，成为企业的核心。公司虽然有不同的职能部门，但职能是 CEO 的助手，职能部门之间不能相互指挥，否则就是对 CEO 经营的干扰。

但是，事物有两极。以 IBM、华为为代表的企业，实行了以客户为中心的方针，最高管理层把经营的权力下放，并不过分和刻意追求企业"当下"的存活质量，而是把眼光放得更远。无论是郭士纳还是任正非，都不直接参与经营指挥，而是构建一个管理体系，让这个体系自己去经营。由于跨部门事务的存在，而公司最高层又不参与直接指挥，于是各职能部门成了某项专项业务的指挥中心，自上而下的指挥体系不存在了，各职能部门指挥着企业机体的各种组织的运行和发展。

一、管理职能的"功能"

很多企业并没觉得职能部门有什么特殊性，和业务部门一样，就是完成一定的功能，如销售部门完成销售任务，财务部门算清账务，人力资源部门管好人事。正是这种想法，他们认为业务部门和职能部门都一样，都构建在一棵树形的科层制结构下。其实，职能部门有其特殊性，其代表公司价值链的某一项职能，是关于这项职能的最终的专业负责人，在这个专业领域代理最高层意见（因为最高层不可能懂每一个专业）。既然是最高层的代表，就有"钦差大臣"的作用，在这个专业领域就有一管到底的特权，这就是职能部门的特殊性。

科层制在发展到一定阶段，成为企业继续发展的阻力，就是因为管理层级太多，政令不畅，而这时"钦差大臣"正是破解这种阻力最有效的方法。可惜，很多企业没有注意到这个特殊性，在直线职能制阶段将职能作为参谋部，任由科层制的发展，在企业遇到发展瓶颈时不能实现突破。

流程型组织将职能部门作为一个独立的维度，授予指挥权，就是充分地认识了职能部门的特殊作用，这是革命性的进步。职能部门允许通过"长臂管辖"调动更多的资源，贯彻管理要求和流程制度，使得企业规模增长的同时也能保持协调行动，让大象也能跳舞，使得郭士纳式的经营管理理念得以实现。

当然，职能部门手中掌握的指挥权只是相对的权力，并没有凌驾于业务部门之上，成为高高在上的"官老爷"。他们必须成为服务型组织，用自己的专业和敬业来感召相关部门，以客户为中心，为了团队的胜利而指挥。

流程型组织这种巧妙的权力设计是恰到好处的，避免了企业在"经营权"和"管理权"之间的摇摆，做到两手抓，两手都要硬，实现对外业务拓展、对内管理优化的同步发展，保障企业健康、平稳地成长。

二、管理职能回归的作用

流程型组织中管理职能地位的提升对企业管理效果起到了很大的推动作用。

1. 拓宽管理广度，横向拉通业务

职能部门不再只起参谋作用，而是某一项业务的主导方，这极大地拓宽了职能管理的广度。原本职能管理"手中事"，现在所有相关的"手边事"也要管理起来，充分发挥某一项业务管理方面的专长，在这项业务上拉通起来管理，有利于职能管理的专业化发展。

2. 伸展管理深度，充分利用资源

流程型组织通过"长臂管辖"，使各部门资源都可以为我所用，贯彻各项专业管理要求，这使得职能管理所需要的资源得到最大限度地扩大，职能管理的效果得到充分体现，成为最高管理层可靠的依赖。

3. 凝聚管理力度，提高经营能力

管理有着严谨的逻辑，按客观规律办事，可以降低试错成本。在流程型组织中，必然会使企业上下养成注重管理的思想和行为习惯，并落实到日常经营活动中，这对经营有着十分重要的意义。从华为的实践来看，尊重管理并没有降低经营效率和增加经营成本，反而在行动上井然有序，常常可以后发制人。

部门的活力靠基因

人体内在的健康才是真正的健康,虽然在不适时可以通过外部推拿来调节放松,那只能得到暂时的舒适。企业管理也是这个道理,我们可以用很好的价值分配政策、思想教育和各种激励手段来激发员工的能力,但没有从组织和业务机理上运用最佳实践方法,不能靠核心竞争力占据优势,用更多的实际利益回报大家的努力,那样的话激励效果是不能持久的。敢死队或许能够在一场势均力敌的战斗中获胜,但绝对战胜不了装备精良的、运用得法的队伍。

第一节 好的部门要"掺沙子"

一、部门从哪里来?

部门是怎么产生的?从组织的角度看,按照美国管理学家切斯特·巴纳德(Chester I. Barnard)的观点,"组织是人们寻求合作的一个自然结果。人们为了突破个人在'资源和能力'上的限制,追求更好或者更高的目标,会自然而然地选择合作的途径,建立协同关系。当这种协同关系有了'共同的目标'和'社会协调规则'时,协同关系就逐渐稳定下来,转变为稳定的协同体系"。简单地说,组织是"聚合"而成的,这种观点可以说是主流,因为这个说法来自很多知名学者,如经济学家罗纳德·科斯(Ronald H. Coase)和张五常的企业契约论。

举个例子来说,企业要设置一个财务部门,自然需要懂得财务知识的人,他们最接近财务工作这个目标,而财务部门的目标和工作规则也最适合财务专业的毕业生，因此财务部门成了财务人员"聚合"之地。但是，"聚合"起来的部门是企业最佳的组织形成方式吗？人的器官现在是可以通过移植的方法从外界获得，但仍然要靠避免排异反应的药物来维持生命，最好的方法仍然是让人自己长出器官来。财务部门单纯招聘一个财务人员，他可以记录原材料成本，但他不能识别原材料成本真正的价值，如何保护公司资产？人力资源部门单纯招聘一个人力资源经理，他可以通过流程招进一个人才，但他识别不出这个人才的真正能力，如何帮助公司找到栋梁？设计部门单纯招聘一个设计师，他穷尽自己所学和创意，但未必受到客户青睐，对公司有何贡献？"聚合"能够聚到"人"，但不一定能聚到"才"。

二、流程型组织中部门的使命

组织的存在应该是来自于企业内部业务发展的需要，例如将生产体系的设计岗位独立成研发部门，这样的部门是内部分解产生，而不是从外部整合一个研发部门。这种分解而产生的部门，其特点的是彼此直接虽然有分割，但又筋脉相连，因为很多人原来是在一起工作的，彼此十分了解，配合默契，这是最佳的部门间运作效果。

然而，随着时间的推移，部门也会传宗接代，几代交接后，部门之间的亲密关系肯定会与日俱减，最后走向泾渭分明。华为对待这个问题的一个重要经验就是要"掺沙子"。华为在内部管理上提倡部分高级干部要走"之"字形跨部门轮岗发展的路径，提倡部门间要"掺沙子"，将最贴近一线的干部掺到中后台部门任正职，使得"干部要有一线经验，机关干部要有海外经验，高层干部要有跨领域经验"，以此打破思想上的部门墙，拉通流程，高效运行。华为用"掺沙子"的方法使得组织保持在分工的"原始状态"。尽管外部招聘是回避不了的问题，但招到人不是组织招聘使命的完成，还必须保证一定的人员来自相关部门，让他们相互熟悉组织间的气息，使组织间的运作紧密耦合。

"掺沙子"法实际上是将企业拉回到企业分工的"原始阶段"，让组织成员在这个阶段能够感知完整的业务逻辑——流程。流程与组织原本就是因为"分工"而产生，由于分工，产生了工作的逻辑，再基于这种逻辑，由不同的人或角色承担。这里，工作逻辑是流程，人和角色组成了组织，他们是孪生兄弟。

作为一个部门的负责人，需要时刻理解部门的使命是在为流程工作，需要清楚自己的工作在公司价值链中的定位，清楚自己的服务对象和资源，才能使部门发挥出应有的价值。而作为公司的组织设计者，也应当始终保持组织设计是沿着价值流方向的，才能让组织机体发挥最大效用，而这一切不是光凭着专业知识就可以了，还需要对企业的业务有通盘的了解。

三、部门价值的衡量

一个部门的设置是出于业务的需要，但也要考虑成本投入和回报的关系，这是现实问题，把握不好会成为企业的一个利益窟窿。很多企业设置部门的同时也下达了盈利目标，实现成本收益的对等。这个思路总体上说是没有问题的，但盈利也要看部门的性质，不是每个部门都容易实现盈利的，如内部业务支持部门。即便是可以盈利的部门，也有盈利能力和核算条件的差异，存在不均衡的现象，如果过于要求一个非盈利或者盈利能力薄弱的部门直接呈现价值，反而不利于这样的部门发展应有的能力。

流程型组织对部门价值的衡量并非直接以投入产出为依据，而是要放在整个企业的价值链中通盘考虑，因为一个部门的贡献只是价值链的一段，不可能单独拿出来核算。即使可以通过内部核算进行模拟结算（如阿米巴会计核算），但这并非真正地放到市场中比价，很难做到精准和公平。此外，对于那种具有战略意义的部门，即使核算上是亏损的，但仍然要加大投入，这些战场上的士兵应当给予更多的奖金，才能鼓励更多的人上去。

流程型组织中部门的责任是为流程创造价值，管好自己的资源，提升自己的能力。当然，这些贡献也是要量化地进行衡量，以便合理地进行奖金和利润分配。华为通过虚拟内部结算进行分配，这种分配很难保障绝对公平，但整个公司在价值创造中因为这套机制而步入蓝海，总体利润高于其他公司的水平，所以再怎么不公平，也远远好于其他公司。

第二节 继承流程基因的部门结构

基因（遗传因子）在生物学中是产生一条多肽链或功能 RNA 所需的全部核

第二篇 双向指挥系统——流程型组织的管理体系基石

苷酸序列。基因支持着生命的基本构造和性能,储存着生命的种族、血型、孕育、生长、凋亡等过程的全部信息。在一个生物体细胞内植入另一个生物的基因,就可以进行无性繁殖,也就是克隆,改变这个生物体的物种性质,使其具备另一个物种特征。

生物学的这种奇妙也可以发生在企业管理上。每个企业都有其不同的特征,这是因为企业有自己独特的基因。有的企业的基因是按"贸易—加工—技术"排列的,有的企业的基因则按"技术—加工—贸易"排列的,当然也可以按"技术—贸易—加工"排列。这是企业最基本的价值链流程,整个组织就是为它而服务。但是,这条基因在往下传递中可能断裂,因为基层员工可能只听命于自己的领导,并不知道基因中的上下游服务关系,就会给流程执行带来隐患。所以,最好的方法就是要给每个部门植入基因,让他们知道整个公司的价值流,从而知道自己岗位的业务流。

基因由脱氧核糖核酸(DNA)构成,并在染色体上作线状排列,所以部门的基因也是由对应于各个职能的岗位构成,在逻辑上构成对公司价值链的排列。例如公司有"研发—市场—销售"这样职能部门,并且构成业务链关系,那么企业内任何一个部门均设置对接"研发—市场—销售"的内部接口人,这样部门内部就有一个小环境,感知到公司任何战略和政策上的变化,此时,部门领导不再是成员了解外面世界、接受行动指挥的唯一通道。

一、部门植入流程基因的意义

生物学中基因的作用主要有:① 传递遗传信息;② 通过遗传信息控制合成自身生命体的蛋白质。对应地,对组织中的部门植入基因,也有这两个主要作用:传递信息和打造符合企业目标的工作流程。

1. 全通道的管理信息传递

传统的科层制下,部门领导是对外信息传递的渠道,这是合法的正式渠道,绕开领导的、与员工直接进行的沟通和信息传递是非正式渠道。非正式渠道的沟通和信息传递不可避免,毕竟企业不是监狱,但与正式渠道相比,其权威性和准确性比较低,经常不能得到部门领导的最终认可,产生很大的负面影响,所以传统组织并不鼓励非正式渠道的信息传递和沟通。

传统组织鼓励通过正式渠道进行沟通，这种形式称为正式沟通（Formal Communication / Communication Object Official）。根据传统管理理论，沟通应遵循指挥或层级系统进行。严格地说，越级报告或命令，或不同部门人员间彼此进行沟通，都是不允许的。因此，在组织内只有垂直（纵向）的沟通流向（Vertical Communication Flow），很少有同一水平的横向沟通流向（Horizontal Communication Flow）。

正式渠道在组织中基本呈现单线连接的串行结构，如链式、环式、Y式、轮式，而全通道式并不鼓励。全通道式是一个开放式的网络系统，其中每个成员之间都有一定的联系，彼此了解。此网络中组织的集中化程度及主管人的控制程度均很低。由于沟通渠道很多，组织成员的平均满意程度高且差异小，因此士气高昂，合作气氛浓厚。这对于解决复杂问题，增强组织合作精神，提高士气均有很大作用。但是，由于这种网络沟通渠道太多，易造成混乱，成为实际上的非正式渠道，因此传统组织一般不采用。

然而，流程型组织需要的就是这种全通道沟通效果，它需要业务部门与职能部门间建立直接的联系，这种联系不需要每个人都对接职能部门，只要派出代表即可，将职能DNA的各个环节可以直达部门。这种形式虽然绕开部门领导，但对接关系和内容都是符合职能部门的指挥权要求，而部门领导没有指挥权，因此没有对部门领导的管理工作产生直接的影响。在管理权与指挥权分开的双向管理下，全通道沟通并没有引起混乱，反而使得充分沟通的优点得到体现。

2. 遵从流程的有序工作

职能部门带给部门的是公司整体的流程信息，即与战略相匹配的价值链信息，这使得每个工作岗位上的员工可以按图索骥地找到自己的位置，同时也知道自己的上下游关系，明确工作的来源和服务对象。

很多企业认为基层员工没有必要了解公司战略，每个人要做好"本职工作"，就能完成公司目标。但对于一个快速应变的企业，所有事情都体现在岗位说明书中，让大家按本职工作行事，这是不可能的。员工遇到不懂的问题，不知道该如何行事，至少需要开通咨询通道，而基于职能DNA的全通道沟通渠道可以起到这个作用。而一个部门中对应各职能部门的接口人就是负责这些沟通工作，在潜移默化中，这些接口人就成为对接职能的半个专家。当部门渐渐具有各种职能的半个专家后,这时部门对公司的战略、模式、流程等都十分清楚,部门间以及与外部部门之间的配合就会非常默契。

传统组织流程的受阻就是因为事事要通过部门领导,而绕过领导的非正式渠道沟通不被承认,因此在那种条件下此问题是无解的。而流程型组织把职能部门与部门接口人之间的全通道沟通确立为正式渠道,并且与公司流程相对应,把流程的基因传递到部门,这样就确保了流程的畅通。

二、部门对接关系的设置

各部门设置这些对接关系可以分成三个层次:① 设置对接人岗位。这些岗位可以根据工作量情况而设置为专职或者兼职,甚至一人可以兼多岗,以提高资源利用率。② 设置子部门。当部门较大时,对接工作可能不是一个人能够完成,可以考虑设立子部门,这样也可以提高子部门工作的专业性。③ 指定流程责任人。在部门范围内指定流程责任人,可以对部门范围内涉及的流程进行制定和完善,在不违背公司流程的基本要求前提下,进行补充和细化。

通过对各个职能部门的接口关系,每个部门实际上就具备了一套完整的公司流程基因,任何工作都能够通过接口关系而贯通,使部门间不存在部门墙隔阂,这是流程型组织显著的进步意义。

但是,各部门与职能部门的接口关系并不是领导与被领导的关系。接口人是主要的对接和第一处理人,但需要代表整个部门参与工作。职能部门行使权利不能以自我为中心,而是一切以客户为中心,在这个原则下,业务部门可以从自己部门视角提出异议,通过协商(必要时升级仲裁)达成一致的解决办法。部门负责人仍然具有对下属绝对的考核权,对于那些盲从职能部门要求、未顾及本部门原则,从而未达成追求最佳实践效果的员工,即使职能部门给出赞许,也仍然有权给予不良考评。

三、关于业务部门的职能权利和职能部门的业务权利

前面所述业务部门与职能部门,两者如何鉴别可能会有些不容易理解,在此补充说明一下。

第一,业务部门是指为职能以外的目的而成立的部门,如为了某个地区的

销售而成立的地区部，为了开发某个产品而成立的产品部等，但执行业务过程中他们实际也承担着销售或者研发的职能，只是在层级上低于总部的销售和研发职能管理部门，在授权范围内可以组织其他相关部门，行使指挥权。

第二，职能部门从另一个角度讲也是要做业务的，如财务部门提供财务服务，也算是对内的业务，因此在某些场景中是被指挥的角色。例如，对于销售回款问题，销售人员催收是一方面，财务如果能通过保理等融资手段提前回笼一部分资金，对企业的资金利用也很有帮助，因此必要时财务需要听从销售工作的指挥。

第三，职能与业务的角色可以根据需要互换。例如，上述场景在销售地区部设置一个财经子部门，这个部门的归属可以是总部财经部（职能部门），也可以归属地区部（业务部门）。如果是前者，则这个部门在地区部行使指挥权；如果是后者，则行使管理权，归总部财经部指挥。

第三节 岗位是死的，角色是活的

我们通常会给员工确定一个岗位职责，并且要求员工以完成本职工作为天职。但是新任务来了，岗位职责中没有，怎么办？招新人吗？其实，岗位是每个人坐着的位置，但战场往往不在这些位置上，因此一旦战斗开始，就要灵活机动，只要保证战斗的胜利，随时可以跳出战壕。战场需要多面手，需要能扮演好不同角色的演员，只要我们识别出什么样岗位的人在什么情况下最合适。岗位是死的，角色是活的，流程指挥的是要能打仗的。

一、关于岗位职责和流程角色

企业的部门通常需要设置若干岗位，以完成不同的任务。岗位是组织为完成某项任务而确立的，由工种、职务、职称和等级等性质所组成，作为执行人所归属的定位。岗位需要有明确的职责，由授权范围和相应的责任两部分组成，是一个具体化的工作描述。

部门的岗位职责有以下特性。

1. 岗位职责源自部门授权

岗位职责必须经过授权才是合法有效的，这是组织运作的基本规则。通过正式的授权，将完成某项工作所必需的权力授给部属人员（如主管将处理用人、用钱、做事、交涉、协调等决策权移转给部属），部属人员行权才有依据。没有授予权力，则不可托付完成该项工作的必要责任，这是授权的绝对原则性。

2. 岗位职责的责任不可授予

部门权力可以授予到岗位，这一点基本没有什么争议，但对于责任是否可以授予，这个问题却存在着争议。华为的实践结论是："授权不授责"，即权力可以授权，但执行结果出了问题，仍然由上一级领导承担首要责任。尽管每一级领导有追责部属的权力，但不能因此而疏于管理，因此"授权不授责"有利于强化领导的责任心，做好管理监督。

由于岗位职责有以上两个特性，决定了岗位职责需要在部门领导的绝对管理权管辖之下，那么处在各个岗位上的员工，如何听从于流程或其他部门的指挥呢？诚然，作为一个职能部门，并没有权力干预其他部门内部的岗位设置，但可以在其所管辖的流程上设计一个角色，由其他部门的成员来承担。

"角色"一词最早是戏剧舞台中的用语，是指演员在舞台上按照剧本的规定所扮演的某一特定人物。在流程型组织中引入"角色"一词，是指流程中某个活动的执行者，但这个执行者可以不是固定的某个人或岗位，而是可以由不同的人或不同岗位的人来承担这个角色，包括来自其他部门的成员。

图 5.1 是一个流程的示意图。

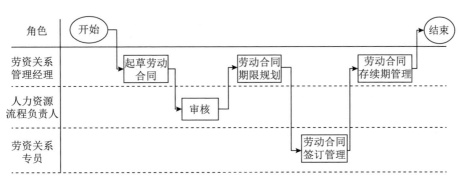

图 5.1　基于角色的流程图

以上流程图左列是流程的角色，但并不直接代表流程的执行者。对于"劳资关系管理经理"和"人力资源流程负责人"而言,可以分别是人力资源部门中负责劳资关系工作岗位人员以及人力资源部的总经理,但"劳资关系专员"是分散于各个部门的,这就不可统一对应什么样的岗位。对于较大的部门,配备了专职人力资源工作的HRBP,通常可以由HRBP承接,但小部门没有这样的岗位,于是部门领导可以指定某个岗位(如秘书)来承接。由此可以看出,角色对应部门岗位不是一对一的,而是一对多的,具体由哪个岗位来承接可以灵活安排。

二、通过部门岗位匹配流程角色的好处

这种通过岗位匹配流程角色的方法给流程型组织带来如下好处。

1. 职能部门的"长臂管辖"得到很好的落实

职能部门落实"长臂管辖"时,难免对被管辖部门的工作内容和职责提出要求。如果这种要求过于直接,可能会对各部门自身的工作形成干预,影响各部门的工作节奏,但如果只提供一个"角色"让各部门适配,这就把角色的职责与岗位职责区分开来,角色职责并未作为强制要求落实到岗位职责中,并未对被管辖部门的岗位职责设计形成干预。被管辖部门只需要在安排好岗位职责的基础上,安排人员扮演流程角色(即执行流程角色的要求)即可,这就大大提高了被管辖部门的参与积极性。

2. 部门岗位职责设计更为全面

被管辖部门的岗位职责与流程的角色职责虽然不要求合并在一起,但实际执行中流程角色职责一旦例行化,那么实质上也是要列入岗位职责的。换而言之,角色职责是岗位职责的来源之一,而且这种来源是外生性的,通常不是部门内部自己设计岗位职责时所能考虑到的,因而是对岗位职责的重要和有效补充。

3. 满足主干流程建设的需要

主干流程是流程中的高速公路,高速公路的特点是连接一些人口密集区域,不可能为每个地方绕一下。每个人在高速公路上找一个离自己最近的出口,即使绕一点道也是非常快捷高效的。流程建设也没有必要按照部门设置的每一个岗位设计主干流程,只要一些关键工作有人承接,各部门在接着这些关键工作承接人定制少量个性化流程,便可以高效的运行流程。

4. 流程适用性大大增强

很多传统型组织设计流程时往往把活动直接赋予组织中的部门岗位或具体职位，甚至有些直接定义为特定的人，例如很多企业会把某项审批活动直接指明给××总经理，这样的方法就把流程做得很死，岗位变动或人员调动都会使流程失效，进而频繁改动流程。如果把流程设计在角色的基础之上，那么与部门岗位和人员就没有直接关系，部门或人员变动时，只需要在匹配关系上做一些说明或通告，而对于流程本身是没有任何影响的。

第四节　流程基因下的组织活力

通常在人们眼中，大企业规矩多，企业氛围压抑，死气沉沉，工作效率低下，组织缺乏活力。那么，接受了流程基因的部门会不会因为循规蹈矩也失去活力呢？其实，流程基因不是繁文缛节，它是工作的战略执行方向，流程基因的植入只是在人们的思想中，会转化成一种工作方法，使部门工作方向更加明确，能力不断地得到提升，组织变得更有活力。

一、流程基因使部门获得更多的工作资源

大企业死板，小企业活跃，这似乎是一个普遍规律，所以做小做活的阿米巴经营很有市场。"阿米巴"（Amoeba）在拉丁语中是单个原生体的意思，属原生动物变形虫科，虫体赤裸而柔软，其身体可以向各个方向伸出伪足，使形体变化不定，故而得名"变形虫"。变形虫最大的特性是能够随外界环境的变化而变化，不断地进行自我调整来适应所面临的生存环境。这种生物由于其极强的适应能力，在地球上存在了几十亿年，是地球上最古老、最具生命力和延续性的生物体。

阿米巴经营是一个形象的说法，其要旨是基于牢固的经营哲学和精细的部门独立核算管理，将企业划分为许多个小集体，类似于自由自在的重复进行细胞分裂的阿米巴，并以各个阿米巴为核心，培养具有管理意识的领导，自行制订计划，独立核算，持续自主成长，让每一位员工都成为经营的主角，依靠全体智慧和努力完成企业经营目标，实现企业的飞速发展，其实质就是全员参与的一种赋

权式经营方式。

阿米巴模式之所以出名，是因为这个模式的创造者稻盛和夫所创建的京瓷公司经历了四次全球性的经济危机都屹立不倒，并且还得到了持续发展。在20世纪90年代末期，亚洲金融风暴过后，日本很多大公司都出现了问题，原本名不见经传的京瓷公司成为东京证券交易所市值最高的公司。专家学者们纷纷开始研究京瓷公司，后来发现京瓷的经营方式与"阿米巴虫"的群体行为方式非常类似，于是得名"阿米巴经营"。

阿米巴经营的核心思想是大企业做小，小企业做活。它倡导的这个模式不仅不追求高等生物那样器官分明的生命机能分工，甚至连低等生物的简单组织分工都没有，一个经营单位就是一个独立生存的细胞，整个组织就是这样一群细胞，没有管理机构。这样导致的结果是公司的管理成本非常低，在经济危机时就凸显出它的好处：别的公司由于运营成本高而扛不过危机阶段，而阿米巴性质的公司生存了下来。

既然阿米巴是一个细胞，当然也包含一条完整的经营基因链。与流程型组织的部门不同的是，它除了基因，还包括细胞体所需要的全部其他物质，即每个阿米巴必须拥有自己的资源，每个阿米巴之间的资源是相互独占的。这就带来了一个问题：由于经营单位各自为战，之间的利益冲突难以避免，企业追求的规模效益就不能实现。

这个道理如同当年中国搞包产到户，一下子提升了农民的生产积极性，但这是时代条件下的产物，随着时代的变迁，农业生产必然走向合作经营的规模化道路，以个体的力量无论如何不能广泛地整合资源，进行大规模农业生产。

流程型组织的每个部门被植入基因，因而它与阿米巴一样具有活力，但它并没有配备具体的各方面资源，构成一个独立的细胞。基因只是一种思想意识被植入员工的大脑，使得大家沿着公司的流程可以找到业务的脉络。当自己的业务需要什么资源时，沿着这些脉络就能找到，然后通过指挥权进行相互协作。流程型组织避免了公司资源的重复浪费，提高了资源利用率，极大地降低了成本，是企业继续做大的基础。因此，流程型组织可以像阿米巴那样做活，也可以像IBM那样做大，既要做大，也能做活，让大象跳舞。

二、流程基因使部门自主发展业务能力

2019年5月16日,美国总统特朗普签署命令:将华为公司及其70家附属公司列入管制"实体名单",禁止美企向华为出售相关技术和产品。原本以为,这一封杀会使华为像上次被美国制裁的中兴公司那样进入休克状态,但让人没有想到的是,第二天华为海思总裁何庭波发表公开信:为华为生存而打造的"备胎"——海思芯片,全部转正。这意味着,即使华为今后无法获得高通芯片,依然可以保证大部分产品的连续供应。这样就解开了华为的一个大秘密——备胎计划,之后在谷歌提出封杀后,华为推出鸿蒙,SD协会取消华为的会员资格,华为却有自己的NM卡,诸如此类,一系列封杀均被华为的备胎计划所化解。

备胎计划就是由流程基因的意识产生的:如果供应链受制于少数供应商,一旦断供怎么办?必须发展一定的能力,弥补不足,保障业务流程的畅通。这一思想不仅仅体现在采购环节,而且在华为管理的各个方面均有体现。

一个典型的例子就是华为的研发部门。通常企业的研发部门有着很明确的职责,就是把产品构想的设计、制造、生产等实现过程开发出来,而营销方面的事情由营销部门来做,这是天经地义的。但是现实往往不是那么理想,华为早期的市场部门(Marketing部门)并不十分强大,很多能力发育不全,以至于很多营销工作范围的事情不能全部承接,例如产品宣传和说明资料的编写、市场活动组织、定价策略等。在这种情况下,华为的研发部门所采取的行动是不等不靠,他们在自己内部成立营销工程部,把"营销"这个基因片段先在自己体内孵化发育,作为备胎先承担起营销所需要的工作。等到公司的市场营销部门逐渐发育成熟,可以逐步接手这些工作,此时研发部再将内部营销工程部的职能"还给"营销部门,包括培养起来的人员,让备胎转正。这些人员划拨虽然使研发部削弱了营销力量,但这只是一个职能转移,资源仍然保留在公司内部,而企业则进入了一个新的阶段,营销和研发职能归属趋于更加合理。

同样的情形也可以发生在销售部门,例如,销售部门看到某种客户需求,但内部产品部门还没有精力投入研发,此时销售部门便自己投入技术人员在解决方案层面先与客户探讨(一个好的销售部门也要拥有一定的技术支持人员,在销售活动中提供技术支持),让这个备胎代替研发部门以解决方案获得客户信任而签约,进而由于合同的签订使研发部门更有信心投入客户所需要的产品。

这实际上是把部门当作一个公司来使用。例如对于一个研发部门而言，对应企业的营销、供应链、采购、服务管理、财经管理、人力资源管理等职能流程分别设置了接口关系，那么实际上研发部门内部这些岗位的人就具备了一定相应的技能，如一个技术人员安排到研发部的营销接口岗位上，工作中必然在潜移默化中掌握了一定的营销工作技能，了解了这方面需求和知识，成为研发部门内部的营销问题专家。当一个部门具备了这种形形色色的专家后，这个部门就如同一个微型公司，其能量将远远超过传统组织形式下的部门。

流程型组织最重要的基础不是依赖强大的领导，而是依赖强大的基层部门。这些部门虽然没有高级生物那样有一个强大的大脑和中枢系统来指挥身体的行动，但他们像低等生物那样更有生命力，可以自我依赖环境而生存。现实中，低等生物的生存力比高等生物更强，他们中很多具有再生能力，就是因为体内的基因指挥着自己补充失去的部分，如海星可以补上缺失的一角，壁虎可以长出丢失的尾巴，甚至切成两半的蚯蚓能够长成两条完整的生命。对于大多数员工而言，低等的组织却有着更强的生命力，这意味着他们的工作生态更加稳定。

第六章 流程的机制比形式更重要

双向指挥系统本质上是将业务指挥权独立出来,构成沿着流程指挥的独立体系,使得业务流程不会被组织行政管理权所隔断。这一变化也使得流程的形式、活动、运作等方面都发生了变化,产生了许多新面貌。在过去,没有流程规定时我们可以听领导指挥,而现在靠的是团队的默契,这是一种无形的力量。

第一节 流程型组织就是按项目运作吗?

在了解了流程型组织的结构特征后,下一个问题是如何运作。在此之前,先辨析一个与流程型组织相关的项目型组织问题。

项目型组织顾名思义就是以"项目"为主要因素的组织划分形式。项目是企业以某个事项为目的,将人力的、材料的和财务的资源集中起来,在给定的费用和时间约束规范内,完成一项独立的、一次性的工作任务,以期达到该事项的数量和质量目标。虽然项目具有一次性这种临时性质,但一般一家企业中的项目往往是层出不穷的、常态化的,例如,从事工程服务性质的企业,总是一个工程做完后又接到另一个工程,因此项目型组织可以成为一种组织形式。另外,有些企业刻意追求这种方式,例如很多互联网创新企业,将不同的产品按项目方式分开,以便展开内部竞赛,营造压力氛围而促进团队进步。

项目型组织和流程型组织一个共同的特点是能够跨部门协作,因此容易混淆,这包括两种情况:① 认为项目型组织与流程型组织不相容,企业需要二选一;② 项目型组织就是流程型组织,因此搞了项目型组织就是在搞流程型组织。

一、误区一：项目型组织与流程型组织应当二选一

持有这种观点的有以下几种情形：

第一种观点认为有些企业性质特殊，不是以标准产品为输出的，例如，工程服务企业，他们的每一个项目都是不同的，因此无法制定标准流程，从而不适用流程型组织，而应当选用项目型组织。这种观点的错误在于没有看到事物之间存在的普遍联系，只看到个性，没看到共性。诚然，工程服务这样的结果一定是个性化差异很大的，但不代表做事的方法没有共性。作为一家企业，本质上应该把更多的共性找出来，才能体现集约化能力，提高企业竞争力，所以不存在非标准化产品和服务不需要流程的说法，任何类型的企业都可以建设流程型组织。

第二种观点认为流程型组织并没有抛弃职能，而职能是制造流程断点的根源，并且不利于直接衡量员工贡献，这种组织形式必将被淘汰，而应当像阿米巴组织那样，把项目所需要的资源集中在一个团队，因此很多企业构建了基于项目团队的创新管理机制，鼓励创新团队打破部门界限。但从本质上看，这样的团队并非超越流程型组织，而是还处在初级阶段，还没有发展到足够的规模来孵化各项职能，当他们发展到一定阶段，还是会发现离不开流程的。另外，像腾讯这样的大公司内部也搞了赛马模式的项目运作，从局部看是项目型组织，但这些项目都是在公司整体监管之下的，因此放到整个公司来看就不单纯是项目型组织。

二、误区二：项目型组织就是流程型组织

持这种观点的人认为项目内部的流程一定是拉通的，是有流程的，因此建设好项目流程就是完成了流程型组织的建设使命。这种观点的表现同样也存在于流程型组织中，也就是说，即使有人认为自己是在建设流程型组织，并非出于项目型组织目的，但流程也应该像项目那样为某些事物、场景、目标而从头贯通到尾，所以，这些人眼里流程型组织和项目型组织是一样的。

这种观点的问题在于忽略或者弱化职能管理的重要性。通常项目型组织需要强有力的项目管理者，否则难以有效管理和约束来自不同部门的项目成员。但这不意味着流程是为项目服务的，一个有意义的流程应当是关键活动点能够被管理人员监控，保障业务活动走在正确的轨道上，而流程为项目服务，会造成一种

项目就有一个流程，项目的差异化带来流程的差异化，那么这些流程的监控点就越来越复杂，管理工作无从下手。因此，流程要满足管理者监控的要求，也就是说要由职能部门来主导，项目型组织不能代替流程型组织。

三、项目型组织与流程型组织是并存与发展的关系

首先，项目型组织与流程型组织是并存关系。对于一个非标准产品或服务企业，科学的项目化运作必不可少，但这并不意味着不需要技术、管理和服务等平台，企业有了这些平台能够大大降低成本，提高企业的竞争力。而对于一个标准化产品和服务企业，通过流程提高产品服务质量必不可少，但并不意味着不需要项目化运作，企业创新就是一个从0到1的过程（从无到有的过程），就是一个项目，也是需要运用项目运作方法的。

华为的流程型组织并不排斥项目型组织，而是从2007年开始持续推进项目型组织的建设。2014年，任正非在《"班长的战争"对华为的启示和挑战》汇报会上的讲话中，就明确提出了"班长的战争"不是班长一个人的战争，其核心是在组织和系统的支持下实现任务式指挥，是一种组织的整体性的改变。这里面指出了华为流程型组织与项目型组织的关系——流程型组织是公司的大平台，是一线作战部队坚实的后盾；项目型组织是前线的作战方式，项目型组织必须基于流程型组织，如果没有组织平台的支撑，项目型组织就是一个伪命题。基于此，2015年华为公司明确了"从以职能型组织为中心，向以项目型组织为中心转变"的战略方针。

项目型组织与流程型组织除了二者并存之外，两者还有促进关系。流程的建设本身也是项目，因此可以说流程型组织在项目型组织中诞生和发展。流程是业务的最佳实践，因此必须先有业务的探索，后有流程的发现，项目为流程铺路，流程是项目的总结，所以，我们要动态地看待项目型组织与流程型组织的关系，它们不是一成不变，而是在做项目的同时不断积累业务经验，充实到流程中，使得流程越来越丰富，保障项目的效率越来越高，开拓更多的新领域。

第二节 没有流程，也要把业务做下去！

流程型组织的核心任务是建设流程，按流程执行业务，那么什么是流程呢？我们通常认为工作中的流程是分工后业务活动的逻辑关系，包括实际工作过

程中的工作环节、步骤、顺序、触发条件等程序性要求。流程具有非常严密的逻辑性，工作一旦启动，如果稍微不符合规范，工作的结果可能流向不可控制的方向，因此流程必须十分严谨，避免引起错误或误导，为此流程往往需要流程图和详细的说明，帮助员工正确理解操作规程。

这种明明白白的流程确实对操作者来说非常有价值，但其制定过程也需要一定的时间，那么当业务遇到新问题而没有流程对应时，这段时间该如何处理？这是很多企业感到比较茫然的。现实中"没有流程"成为很多工作开展不下去的理由，即使开展下去可能也是乱成一锅粥。

流程型组织的运作不能光靠这些成文的流程，还要解决那些流程未成文时业务怎么运作，因此我们需要把流程分成两种情况来研究：一种是成文的流程，称之为"狭义流程"；另一种是未成文的流程，指那些尚未形成标准的、具有完整逻辑指导功能的流程，如果把这样的未成文流程也包含进来，那么可以命名为"广义流程"。

一、狭义流程及其局限

狭义流程是指那些规范和标准的流程文件，包括程序、规范、标准、手册、指导书、模板、检查表等，这些文件当然是重要的，也是必要的，但流程管理不能以此为最高标准，将其神话为业务最高指示。

首先，狭义流程并不是企业最高的业务价值所在。流程是最佳业务实践的总结，但这是过往的最佳实践，而企业任何时候都会面临新问题、新需求，都可能超出历史经验范围，因此流程一经形成便可能过时，只要有新的、更合适的实践经验，便可以更替。虽然新的实践经验必须经过认定程序才可以成为流程，但至少说明那些未成文的流程有时会有更有价值的业务做法，不能轻易地以成文的流程来否定未成文的流程。

其次，业务实践以狭义流程的方式呈现出来，要权衡其价值。毕竟，书写这些流程需要一定的时间和精力，而员工阅读、理解和记忆这些标准和规则也费时费力，操作时仍然避免不了人为因素而出错。其实，好的业务实践如果能在适用的团队中约定俗成，成员间配合默契，是没有必要成文的，那样效率可能反而更高。只有那些需要记录的重要控制信息、需要大范围告知的要求、需要长时间传承的方法等才需要以书面形式传递。

第三，很多成文流程具有过渡性质，并不适合长期作为指导文件，因为人们阅读和使用文件总会因人为因素在理解和执行时产生偏差，所以最好的方法是继续将流程文件中的信息和规则落实到 IT 系统中，例如，依据模板的信息结构作为软件系统的操作界面，依据流程中的规则在系统中采集数据并加以控制。所以，标准流程文件并不是流程工作的终结，流程不同于法律文件，法律文件颁布后可以由律师帮助解读和运用，但流程文件只能靠员工自己执行，而执行需要有效率、有质量，因此要提供使用工具。

总之，狭义流程必不可少，但也不是流程型组织全部的、最重要的目标工作。有的企业的流程工作只关注流程文件建设，并把它作为终极目标，其实是没有必要的，过度以成文的流程指挥业务工作是一种僵化的思想。

二、广义流程及其意义

广义流程泛指一切能够指导工作团队完成某项工作的文件和材料，例如，一个合同或者协议，其内容虽然构不成逻辑关联的行动指南，但其中各种约束条款却能指导相关人员在关键时点达成某些特定的、明确的交付，保障事件按既定目标完成。一个项目的章程（Charter）也具有这种性质，它规定了一个项目的范围、关键需求、验收标准、成本控制等内容，项目组不管按什么方式执行，达到这些标准都是合格的。这些广义流程没有规定唯一的、最佳的做事路径，但基本能保障事情朝着目标办下去，不是无序地、不可控制地边走边看，这对于尚未总结出规律的业务来说，已经是非常有意义的。

广义流程是一个流程萌发阶段的产物，如果把这个阶段也标准化，那就是一个产生流程的流程，这个流程填补了一个空白，使得我们在业务遇到"没有流程"时，可以启动一个临时性的流程来解决遇到的问题。显然，这个产生流程的流程是一个项目，因为它解决的是一个从 0 到 1 的问题，因此，广义流程是以项目型组织进行运作的。

广义流程比狭义流程的意义更大，因为它是企业创新的体现。广义流程解决的问题是新问题，而企业解决的新问题越多，说明这个企业前进速度越快。可以想象，一家企业如果总是在既有流程下按部就班地工作，它如何有机会去拓展新的市场领域？

广义流程对员工的素质和能力要求更高，因为广义流程是在做创新性的工作，正是运用和发挥员工知识和能力的机会。如果员工只做好规定的本职工作，那么学那么多知识有何用？以专科生的水平足以看懂流程文件而遵照执行。华为对员工的考核是按照PBC（个人业务承诺）进行的，里面列出了考核期内参加的项目和完成的工作，以此考核业绩，这就鼓励了员工多参加一些项目，多做出一些创造性贡献。

总之，广义流程是流程型组织中的重要组成部分，引入这个概念可以使企业在业务缺失流程时，把工作转向创造流程，保障业务的顺利开展。

三、引入广义流程概念的必要性

本书引入广义流程这个概念，这是与对流程的传统认知是不同的，因为迄今尚没有流程定义可以包容像协议、项目章程这样的文件。但如果把流程局限在成文的标准流程文件中，会引导流程工作者过度把精力放在标准流程的形式上，这其实会迷失工作重心，因为标准的流程文件既不是流程工作的起点，也不是终点。流程型组织的重点在于组织，组织需要运作机制，运作机制要在业务还没有流程时就运作起来，因此早在没有流程的项目阶段就要纳入研究范围，而这个阶段能够做出的输出只能是协同性纲领文件，不可能具体成标准流程文件那种形式。

引入广义流程概念有以下好处：① 使流程更实用。广义流程兼顾成文和不成文流程的客观存在事实，防止流程工作拘泥于固有流程，可以促进业务大胆突破而获得发展。② 广义流程改变流程从业人员工作思路，尊重业务事实和需要，使得流程工作更具亲和力。③ 广义流程认同不成文的流程形式，使一些问题的处理和解决更加简单高效。

第三节 九头鸟如何做决策？

企业的业务运作离不开决策，即采取行动的策略或办法。决策是人们为各种事件出主意、做决定的过程，它是一个复杂的思维操作过程，是搜集、加工信息，最后做出判断、得出结论的过程。从心理学角度来看，决策是人们思维过程

第二篇　双向指挥系统——流程型组织的管理体系基石

和意志行动过程相互结合的产物。没有这两种心理过程的参加，无论何人也是做不出决策的，因而决策既是人们的一个心理活动过程，又是人们的行动方案。

决策需要企业的高层来制定，因为只有高层才能掌握最多的信息，并且高层更能代表企业的意志，他们与企业的利益更加息息相关，因此高层是企业的中枢系统，指挥企业的运作。但是，依赖高层的决策系统也带来问题，企业发展更多依赖于高层管理者的能力，苹果公司在乔布斯管理之下能够发展到辉煌的阶段，但诺基亚在史蒂芬·埃洛普治理时期做出了错误的决策，很快让商业帝国坍塌。另外，任何一个管理者都存在着管理跨度的极限，到一定时刻就会达到管理的瓶颈，限制企业的继续成长和扩大。

IBM 前 CEO 郭士纳实施的改革是真正的放权于基层，以客户为中心驱动团队化运作，让他们独立行动和决策，实现了去中心化模式的另一种机制。这种群体行动的机制并没有因为失去中枢指挥而陷入混乱，反而释放了管理者精力，可以聚焦于更有意义的事情上来，这个组织的管理能力跨上了一个新台阶，使组织变得更开放、更扁平化，员工在一种平等的环境中激发更多的能量。

去中心化的行动和决策并非不要中心，而是由不同的团队承当不同的中心，即各种职能管理中心，并通过流程把各种单元联系起来。简单地说，如果是中心化的体系，领导层必然是中枢系统，公司成员必须依赖中心，离开了中心就无从行动。在去中心化的体系中，存在着多个中心，如销售中心、研发中心、财务中心等，每个中心占据着某一项制高点，但他们彼此没有地位上的高下，没有强制号令，只是在专业的事情上听从权威中心的指挥。最高管理层并不参与这个体系的运作，而只要维护这个网络的畅通即可。

如果最高层有何想法，也只是作为这个体系的一项输入，并不能成为一项命令。曾经有一段时间，任正非从当时华为的定位和能力角度出发，认为华为适合做运营商业务，不适合做手机这样的零售业务，对于不断有人提出做手机的建议，他拍着桌子说："华为公司不做手机这个事，已早有定论，谁再提这事，谁下岗！"但是，华为的研发团队已经在 IPD 方法的指引下进行着各种方向的研究，任正非的命令只是作为一项参考意见，但研究团队还有其他分析因素，如手机市场空间、网络与终端的相互影响、竞争对手的策略等，这些因素综合起来分析可以得到更有理的论证——手机业务不能丢弃。任正非也是非常明理之人，带头开展自我批评,及时地纠正错误,不再固执地坚持己见,使得华为的手机业务扬帆起航。

一个领导人的指令,没有被基层采纳和执行,这在很多企业和组织中是不可想象的,但在华为确是真实的存在。任正非自己说道:"这十几年来,华为是集体管理决策机制,所有的决策都不是我做的,我只是有发言权,跟大家讲讲我的想法,其实他们有时候也不听,我的很多想法也没有被实施。"为什么这样的去中心化组织能够运作得如此有序?其实去中心化不是无中心,而是分成了若干小中心,这些小中心只干自己最专业的事,但整个业务不是一个中心能够完成的。例如,研发部门可以研究是否做手机,但真正做起来必须销售、供应链、财务部门同意,共同配合,这样研发部门必须客观地、实事求是地把工作的价值论证清楚,才能获得各个中心的认可。这无形中提高了决策质量,所以任正非一个错误的决策,经过他亲手打造的组织机制的运作,仍然会走回正确的轨道。

去中心化的运作机制并非不需要高层的决策,只是这种决策与我们传统意义下的决策有着很大的区别。

1. 自下而上的决策活动方向

通常一家企业的决策活动方向是自上而下的,由高层做出决策,向下传递后落实。但是去中心化后,决策的主体首先是基层团队,只有在拟定了一些方案需要高层选择、跨部门问题没有达成一致需要高层仲裁以及一些需要高层管理和控制的关键决策点这样的时刻才需要高层介入,而高层的这种介入相对而言是被动应接,所以决策活动方向呈现自底向上的特征。

2. 选择式决策

去中心化的组织中,基层团队在申请高层决策时已经有了明确的方案,因此申请的内容是请领导选择 A 方案还是 B 方案,或者对于团队的某项请求给出 Yes 或 No 的答复。高层领导不会像传统组织那样接受一个问答题,为了一个问题亲自收集信息、加以分析,用自己的思考得出决策。如果某个基层团队申请的方案论证不清楚,它将不会通过决策,这样这个团队的工作将滞缓,利益遭受损失,因此为了在汇报会上迅速地一次通过,申请团队必须做足准备。

3. 主动协调优先

当一个团队的工作需要其他团队协同时，去中心化的组织不能寄希望于依靠中枢力量的指令而得到帮助，所以主要依靠自己与相关团队进行协商，寻求共赢解决方案。当然，对于难以达成一致的问题可以申请仲裁，但此时必须是双方经过充分论证，使领导仲裁时可以快速做出判断。

流程型组织中的去中心化运作仅限于业务决策范畴，这一点需要注意。流程型组织保持着双向指挥，因此除了业务线发挥指挥权作用外，公司的管理权仍然在行政运作范畴内，即人员的任命、业绩考核、职位升迁等仍然自上而下管理。这种双重权力方向交织的结构使得流程型组织既保证业务张力，又具备形散而神不散的境界，当然，这样也增加了管理的难度，驾驭这种组织形式需要管理者像任正非那样对此抱以坚定的信念和毅力。

去中心化运作是流程型组织真正的意义所在。IBM由于去中心化运作，基层团队研究和发现了IPD、BLM这样的管理方法，华为学会了去中心化运作，掌握和发展了IPD、BLM以及更多的管理方法。如果企业没有学会这种去中心化的运作方法，那么他们可能只能等着华为创造下一个方法而跟进，不能掌握超越的本领，这一点被很多企业忽视了。

第四节 流程成文的原则

流程固化是指在业务运作到一定阶段之后，总结出一定的最佳实践经验，可以作为标准的流程加以推广。

一、流程固化的形式是什么？

很多人认为流程固化就是把流程写成标准文件，以便在日常业务中能够加强管控力度、提高工作效率、增强执行力等，因此，编写流程文件以及利用文件进行管理便成为管理人员（特别是流程从业人员）追求的手段。

流程固化的一个基本特征是必须以书面形式记录和表述业务规则和操作要求，因为相对于口头交流而言，以文字表达的书面形式是更为清晰和准确的，可以避免歧义，达到契约一样的效果。除此之外，固化的流程还要逻辑严谨，指示清楚，能够正确指导员工完成任务。由文字书写的流程文件符合上述要求，但还有一种语言可能被很多人忽视，这就是计算机语言。计算机语言用于写程序，只有技术人员和计算机能看懂，但它也符合上述指示明确、逻辑严密等要求，帮助人们处理信息和执行自动控制，所以IT系统也是流程固化的一种形式。

明白了这一点，就应该可以理解为什么华为把流程与IT合并成一个部门，他们推行实施的流程经常与IT挂钩，流程文件与配套的IT系统（如OA办公自动化软件及ERP等专业领域软件）实施。其中，流程文件负责说明主要的规则、要求、说明、模板等，很多细节往往直接设计成IT系统进行操作，因为那些非常细节性的规则（如哪些表格中的信息必须填写、哪些数据可以通过特定公式计算等）写成文书和使用都很累，直接做在IT系统中效率高多了。

当然，这里IT系统要遵从流程文件的基本要求，不能将IT需求越过流程直接提交给IT开发实现，因为IT需求的合理性要放到流程中才能得到全面的判断。流程、IT的关系要注意联系起来，既不能绕过流程开发IT系统，也不能不配备IT系统而全部依靠流程文件进行管理，这样会使流程与IT两张皮脱节。

二、流程固化的原则

流程建设不是简单的公文写作，是有一定专业性的工作。为说明这一点，在此例举一些流程建设相关的原则。

1. 业务需求导向原则

很多企业将流程视为政策的延展，自上而下制定，制定时未必充分考虑了执行中的潜在问题，容易因执行不好而被废弛。在流程型组织中，设计流程时政策只是一项输入，更主要是要结合各部门的工作需求，需要相关部门都认可，工作才能开展下去。例如，财务部门要求加快回款，提出了缩小交付单元的框架+订单的合同模式，把大合同化整为零，让小合同一经完成便立即收款，这加快了资金回笼，当然，这样也就需要销售部门说服客户同意这种模式。销售部门会觉得这样增加了工作难度，但公司在给销售部门的考核上也有回款和资金占用等指标，从这个角度上对销售部门也极为有益，因此他们将积极支持和参与财务部门主导的框架+订单流程。

很多企业落实政策时习惯于强制推行，这样的确可以起到立竿见影的效果，但真正能够维持效果的是政策本身的正确性，如果政策是有问题的，迟早会暴露出来。华为的很多流程存在过一个强推的阶段，但那是在变革的初期，用强推改变大家的工作习惯，而推行的流程本身必须慎之又慎，使大家都受益。

2. 收益大于投入原则

是不是工作中的每一个经验都要固化到流程中？这不一定。有些小的经验，影响范围小，或者标准化收益不是很大，但固化的成本很高，投入与回报比不划算，那么这个小经验就可能暂时不值得固化。例如，某团队总结出一类客户的谈判技巧，但仅仅面对一部分客户群，如果制定成流程就要加很多限制，推广范围不大，而做成流程和配套开发IT功能的成本更大，那就不值得做成流程，而以一种内部经验进行交流即可。但如果这个团队总结了所有不同类型的谈判技巧，并且能够利用IT系统中记录的客户行为数据，这样把这件事的所有价值点叠加在一起后，收益就足够大了，那么这项工作就值得去做了，可以开发一个专门的谈判流程。

3. 长效性和稳定性原则

流程必须是长时期有效的，如果只是运用有限的次数，或者在可见的短期内有效，那么这样的内容不宜作为流程颁布，可以用临时性的行政指令下发，如通知、暂行规定等。另外，尚未稳定的规则、标准等也不宜作为流程发布，可以先进行小范围试点，待成熟后再发布。

4. 遵从流程架构原则

遵从流程架构是指形成的流程文件，其内容范围要定位在相应的流程架构，不要随意跨越，因为跨越了架构就意味着超出当前流程责任人权限范畴，引起管辖领域的混乱。如果跨越领域大，则应当追溯到能够覆盖全部领域的责任人承担责任，也就是说流程要有级别，级别要和流程责任人对等，主干流程由高层担责，末端流程由基层担责。

5. 分层适配原则

流程需要符合业务实际，而现实业务往往是很复杂的。我们既不能为了满足流程的描述而改变实际业务事实，也不能为描述业务实际把流程刻画得非常繁杂细致，这样的流程工具并不好用。解决这个问题的方法是要对流程分层，区分主干流程和末端流程。主干流程管理一项业务的主要的、核心的活动要点，如关键的控制点，保障主干流程业务清晰高效；而对于差异性的操作要求，如不同地区营销策略有所不同，则可以按区域分成若干末端流程，这些末端流程可以不一样，但对于主干流程可以对接上。主干流程对末端流程的这种兼容性称为"适配"。

6. 版本化原则

通常一家企业的行政发文都是针对一件事情发一个文，例如，《关于加强费用稽查的补充管理规定》，并配备一个发文号：总裁办 2019 第 144 号文，这种补丁式发文并不利于文件的管理和使用。流程文件要采用版本化的方法，对于这种补充的规定，也要与原规定合并，形成新的《费用稽查流程》，并配备一个新的版本号（如 V4.08），员工只要看到这个版本，便了解所有的相关规定。

第五节 管理团队，不是议事机构

一、集体领导与管理团队

关于流程型组织的领导方式，很多人已经从华为独特的轮值 CEO 模式中感知一些其中的特殊性。轮值 CEO 是华为的一种特殊企业管理模式，它不像其他公司那样在一定时期内由一位固定的管理者出任 CEO，而是由最高管理团队的高级管理人员轮值出任，按任职期六个月进行轮换。这种制度设计必然会引起一种质疑——六个月的任期能够完成什么重大战略的落实？公司的政策能否保持连续性？其实，这种体制就是要不依赖于个人领导，而是在滚动中形成一个管理团队的集体领导。

流程型组织的集体领导模式是自下而上业务运作机制下的产物，与这种以集体领导为核心的向下管理还是有一定差异的。基于去中心化的业务模式，业务活动很多依赖基层自己去完成，即便是关键点的决策，也是基层团队做好方案后由高层做选择和仲裁。这样，流程型组织对于集体领导的要求不是做发号指令的议事机构，而是议题的评议和裁决机构。

例如，华为有个称为 3T 的管理团队，由业务变革代表（BT）、IT 代表（IT）以及管理团队代表（MT）组成，这些代表是相应层级/领域的负责人，由高层任命的 3T 主任牵头。这些成员组成了一个联席会议，其任务是对管辖范围内的议题进行审议，进而做出决策。议题申报者为辖内团队，会议中讲解项目的大致内容、要点、请求事项等，3T 成员作为各个职能或业务部门的负责人，现场讨论、协调或补充观点，最终由 3T 主任决策。整个过程中 3T 如同法庭裁决案件一样做出判断和决策即可，并非代替项目团队制定行动方案。即便有新的指示，也是作为要求由项目团队进一步落实解决方案，待完善后再进行一轮汇报和决策。

华为这种由各职能和业务管理人员组成的联席会议组织称为管理团队（Management Team）。管理团队在华为的不同层级、不同领域有多种形式。除了上述的 3T 组织，还有以下几种。

（1）EMT（Executive Management Team，经营管理团队）。华为的 EMT 成立于 2004 年，由董事长、总裁及六位分管不同领域的副总裁组成。华为 EMT 构成群体决策的民主机构，推行轮值主席制，由不同的副总裁轮流执政，EMT 在华为具有最高决策权，成员每月定期商讨公司战略决策。

（2）IPMT（Integrated Portfolio Management Team，集成组合管理团队）。它是 IPD 体系中的产品投资决策和评审机构，负责制定公司研发总体使命愿景和战略方向，对各产品线运作进行指导和监控，并推动各产品线、研发、市场、销售、事业部、服务和供应链等部门之间的协作，制订均衡的公司业务计划，并对新产品线的产生进行决策。

（3）SDT（Sales Decision Team，销售决策团队）。它是销售机构（地区部、代表处等）的销售业务决策团队，由销售区域的代表以及分管客户关系、解决方案、服务交付的副代表等组成，对销售合同签订等重大事项进行集体决策。

（4）AT（Administrative Team，行政管理团队）。它是华为落实人力资源管理的一个重要环节，承担了诸如人员评议、干部选拔考察等多项职能，是在快速发展前提下用组织的形式来提升人力资源管理决策质量，用集体决策的形式杜绝个人偏见。

二、管理团队机制的意义

流程型组织以管理团队的形式进行管理，有以下益处。

1. 满足以客户为中心业务运作的需要

流程型组织在以客户为中心的驱动下，实行去中心化的运作，鼓励跨部门合作，以项目组为工作单元成为常态。由于项目组需要决策的问题大多数也涉及跨部门协同，不是由单一部门领导能够解决，因此，不同部门领导之间需要经常在一起沟通和决策，管理方式也就经常需要联合办公，管理团队是比较好的方式。

需要强调的是，流程型组织所需要的是裁决机构性质的管理团队，不是议事机构。议事机构也提倡各成员畅所欲言，但仍然难免有下属揣测、迎合领导的思路，容易背离以客户为中心的初衷。

2. 共担风险，促进部门协作

各部门做好分内之事，并不能保障得到正确的结果。企业总是会遇到新问题，这些问题是没有既定规则的，因此决策时需要充分沟通和协商。管理团队机制便于不同部门间管理者增加共识，共担经营责任和风险，把集体利益放在首要的位置，在企业内形成合力。

3. 决策质量高，行动执行有效

通常人们会认为集体决策效率低，不如个人决策迅速，其实集体决策的价值不在于决策的速度，而在于行动的高效。集体决策的过程实际上是相关人员相互确认、理解的过程，这个过程可能漫长而痛苦，但能够使大家统一认识。认识的统一会带来行动上的高度一致，这实际上为后期的执行打好基础，往往执行起来一步到位，其获得的利益远超仓促行动而带来的损失。事实证明，管理团队能够带来的决策质量和行动效率在华为的流程型组织中得到了验证。

第六节　流程文化，永远合作的纽带

一、企业流程文化是什么？

企业文化是一个组织由其价值观、信念、仪式、符号、处事方式等组成的其特有的文化形象，简单而言，企业文化就是员工达成思想和行动一致性的速度

第二篇 双向指挥系统——流程型组织的管理体系基石

和程度,在企业日常运行的各个方面能够体现出来。例如,华为内部经常说的"胶片(PPT 文件)""山头(重点攻关的标志性项目)""机关(位于总部的管理部门)"等,这些词对于外人不是一眼就能理解的,但对华为内部人来说如同自己的名字一样熟悉。当然,企业文化的体现远远不止这些形式,更多的是融入员工意识,例如,"站在客户立场上考虑问题""批评与自我批评""不会让雷锋吃亏"等。这些正能量的企业文化会使企业蒸蒸日上,谁也挡不住这样的企业的发展势头;而缺乏企业文化的企业甚至充满负能量的企业,注定是长久不了的。

流程文化是企业管理者和员工对流程的普遍认识和行为习惯。有的企业员工讨厌流程,认为流程束缚自己的手脚,这样的文化下显然是不可能很好地拥抱流程、运用好流程的。华为作为一个流程型组织,其流程文化有以下两种体现。

第一种体现是,当一个经验丰富的社会招聘员工和一个新毕业的大学生进入华为,他们的业绩普遍是大学生更好,这可能出乎很多人意料,因为通常应该是有丰富经验的社会招聘员工业绩好呀?但事实是社会招聘来的员工依据自己的工作经验,对于其他部门请求帮助的工作能够预先做出判断,帮这个忙有没有风险。依据在其他企业的惯例,在这种没有明确界定的事情上,越过雷池做错了事反而要承担责任的,于是直觉给他的感觉是不应该帮这个忙。而那些大学生没有这样的思想禁锢,他们很乐意帮这帮那,这与很多社会招聘员工是两种截然不同的行为。结果,华为的领导更喜欢大学生这样的表现,因为在他们的思想中已经形成了这样的文化意识:部门间的工作是相互帮助的,没有一项工作是孤立于流程之外的。在华为,跨部门合作是最重要的,事情做失败了不要紧,总结经验就会越做越好,但部门间为此不配合了,那将永远停滞不前。

第二种体现是在于那些从华为离开,进入其他企业工作的一群人,他们有着另一种境况。如果一个华为员工到了别的企业工作,他的业绩往往不好,因为在华为的细致分工下,他掌握的技能相对比较单一,而其他企业更喜欢独当一面的人才,在这种环境中他将黯然失色。而如果一帮华为人去到一家公司工作,他们可能分布到不同的部门,彼此之前也不认识,但只要知道对方也是来自华为的,那么他们就是一群天然的朋友,当有人在工作中遇到困难而向其他人求助时,大家一定会伸出援助之手,因为大家知道彼此的工作都是关联的,今天我帮助了你，明天你也会帮助我。

二、流程文化的意义

企业流程文化是业务的灵魂所在，是推动企业发展的不竭动力，它把管理者和员工的思想和精神都激发起来，全力以赴地投入工作中，使得企业发展的动力深入每一个业务细胞。

企业流程文化表现于何处？在于员工是否已经在思想中存在流程意识，可以主动地跨部门协作。没有流程文化的企业，员工的工作只遵照既有流程履行工作义务。当没有流程时，他们除了等待就是无所适从。

流程文化需要依靠流程化机制来培养，建立项目团队运作是基础，但不仅仅局限于此，管理者需要对项目运作的效果不断进行评估和改进，让员工切身体会到跨部门合作的利益。随着时间的推移，当协作意识深入人心，这样对于工作中遇到的一些小问题，员工之间能够主动协调解决，而不是动辄启动项目，这样组织运作的效率和成本要小得多。

三、流程文化的体现

企业流程文化可以在五个方面得到体现，即企业环境、价值观、先进人物、行为和语言、文化网络。

1. 围绕价值链流程的企业环境

企业组织以流程为基础，传递以客户为中心的经营方向，战略和价值链清晰，流程责任明确，并且自上而下贯彻，内部协同有序，积极创新，能够因业务发展需要而适时进行变革和流程优化，追求客户满意度。

2. 流程即业务的价值观

流程即业务在企业深入人心，员工愿意在做好业务的同时，积极改进内部管理问题，以创造长期的、更大的价值。流程不再是羁绊，而是工作中的工具，人人对流程充满好感。

3. 以组织贡献为先进人物

员工向往的英雄人物不是个人能力突出者，因为个人能力没有沉淀在组织中，并不能使大多数人受益。先进人物不只是冲锋陷阵者的专利，而是存在于组织的各种岗位，只要工作做得好，大后方的"蓝血十杰"依然是人们心中的英雄。

4. 包含流程概念的文化行为和语言

在日常工作、活动、聚会甚至文娱中，处处可见与流程相关的行为和语言，如"端到端""拉通""客户需求""输入输出"等，这表明一家企业流程运用的程度以及影响力，说明流程已改变人们的习惯。

5. 流程文化传播网络

流程文化已经通过各种渠道传播，构成立体的网络途径。不管是官方的发文、命令，还是非正式渠道的员工间咨询、需求沟通，都或多或少地有与流程相关的话题，从另一个侧面反映出流程深入人心的程度。

第三篇 "无生命"管理体系——企业管理的颠覆式升华

　　人与计算机下棋，谁更厉害？早些年人们只要出一招怪招，计算机马上就找不到北，因为它只会记忆，但记忆中找不到应对不按常规出牌的方法。但是，现在的围棋高手阿尔法狗（AlphaGo）不一样了，这个新一代的人工智能机器人已经是人类不可战胜的对手。在与九段高手们的比赛中，即使它偶尔出现失误，但马上会反思原因，用"机器学习"的算法自我提高，从而反败为胜。人们终于感叹，在围棋的世界里人类已经不能超过机器了。

　　真的是机器打败人类了吗？其实机器也是人设计的，只不过设计机器的一群人没有围棋选手的段位水平，但他们联合起来，用算法规则战胜了专业棋手的思维。企业管理也是一样的，IBM和华为的流程型组织印证了群体也能管理企业，只要他们不断创造业务规则，整个企业就能有机地运转。这样一来，我们发现这与以往那些旨在帮助领导人提高管理水平的学问，完全是走在南辕北辙的道路上了。管理学需要一次颠覆！

第七章 经典管理学的突破

2019年有一个词进入人们的视线——"区块链",它衍生了很多新的概念:比特币、挖矿、去中心化、中央账簿、分布式账本等等,构成了神秘的新世界。尽管这些还没有完全走入大众的生活,但各种宣传已经令人神往未来的世界,这就是去中心化的世界,没有中央银行,不用担心货币超发,这样经济学里的那些货币政策乃至财政政策理论都要改写。

企业能不能去中心化?新制度经济学的鼻祖科斯最先提出,企业是价格机制的替代物,即为了减少反复进行市场交易的成本,人们将关系固定成企业。沿着科斯的思路,张五常教授总结出企业是合约的产物。既然是合约,劳资双方就应该是对等关系,但在绝大多数企业是做不到的,因为企业家是企业资源配置的组织者,是企业的中心。但是,如果是一个平台式的流程型组织,每个参与者就是经营者的角色,这就可以做到。那么,去中心化的管理背后一定也会和区块链一样,隐藏着另一个世界。

第一节 现代人性对企业组织形态的呼唤

一、闪亮登场的平台型组织

腾讯、阿里巴巴这样的企业为何能够在短短十多年的时间内成为巨型公司,而很多传统企业持之以恒却只换得度日如年?是因为腾讯、阿里巴巴遇到一个好机遇,从而进入一片蓝海吗?如果是,为什么那么多传统企业没有看到这片蓝海?

第三篇 "无生命"管理体系——企业管理的颠覆式升华

很多当今繁华的城市其实历史并不久远，如深圳、香港、上海等都是从小村、小港发展起来的，它们原本并没有绝对优势，但具有共同的特点——开放，没有合围的城墙，来去自由，因此成了创业者、探险者和流浪者扎根的地方。企业也是这个道理，腾讯和阿里巴巴原本是非常小的公司，也因为如此，它们形成了开放、自由的体制，并且用促动人心的激励机制让那些具有个人追求的人才心甘情愿地留了下来。看一看富士康与华为，它们在深圳拥有几乎同样面积的园区（约80平方千米），且仅隔着一条梅观高速路，但两个园区俨然是两个世界。路西侧的富士康像一座水泄不通的围城，只有带着富士康工牌的人员可以进入，其他所有车辆和行人不得不绕行而过。而另一侧的华为却像是郊外的绿色花园，公司园区几条纵横的道路可以让任何车辆和行人穿过，这些道路被冠以"冲之大道""张衡路""隆平路"等，每一个来到这座"公园"的人都可以缅怀中国的科学巨匠。这是传统企业与现代企业在管理上的最好写照，也阐明了两种管理思维对企业发展的影响。

不可否认，平台型组织早已悄悄来到我们中间，在国家经济中发挥了重要的作用。过去，拥有知识的大学生找不到理想的工作以发挥所长，因此出现了"出国热"。但是市场经济给了企业自由的空间，这是一个百花齐放的年代，有一瞬划过的流星，有绚丽一时又即刻远去的彗星。事实证明，能够长期闪耀的是聚集能量的恒星，这些能量便是拥有知识的人。任正非说："我们将引入一批'胸怀大志，一贫如洗'的优秀人才，他们不会安于现状，不会受旧规范的约束，从而激活沉淀的组织体系。"

人是企业最活跃的因素，因此，企业管理必须尊重人性。马斯洛将人类需求分为五种，分别是生理需求、安全需求、社交需求、尊重需求和自我实现需求，这是迄今为止对人类需求最全面的概括。但是每个个体面对这些需求的表现是不一样的，有些只注重部分，有些则更为全面，因此马斯洛将这些需求从低到高分为不同的等级，多数人只是在满足低等级需求后才能追求高等级需求，比如只有吃饱穿暖才能追求更高的享受。在经济匮乏的年代，贫穷限制了想象，富士康足以满足大多数人的需求。但是，"90后"不会为一日三餐犯愁，他们的需求是"全面发展"的，如果企业没有一个自由开放的空间，他们宁愿自己去探索一条新的道路。

这才是当代管理界应当重视的现象。无论我们当今如何倡导艰苦奋斗、奉献精神，无论我们如何想方设法地制定激励手段和措施，无论我们提供怎样优厚的工作待遇，都比不上走入人性，把握当代人们追求"全面发展"的愿望，以实现个人价值为最终目标，让企业像城市那样自由开放。华为提倡艰苦奋斗，但并非要在生活上艰苦，而是为了实现个人利益迎接挑战，只有战胜挑战才有更多的利益，这就是平台规则。迎战挑战，自然是艰苦的，但是为自己奋斗的艰苦是满足人性的，这样才能激发每个人的潜能，最终为社会创造财富。任正非"以众人之私，成就众人之公"的思想就是洞悉人性，把对人的管理做到了极致。

二、流程型组织是平台型组织的高级形式

平台型组织的内涵是什么？当前还没有形成统一的认识，有的是从前、中、后台的组织能力的角度来看，有的是从企业生态圈来看，有的是从合伙人机制来看，这些说法往往不在同一个可比较的论点上，因此我们抛开具体的形式，捕捉共同的思想，这就是开放与自由。人们是否愿意存在于某个组织，在于组织自身是否有足够的吸引力，让人们能够得到对人性需求的"全面发展"。那些单纯以经济报酬换取劳务付出的雇佣关系算不上平台型组织，因为很多被雇佣者放弃了对自身价值的追求。

如何构建平台型组织？这不是光靠开放和自由就可以实现的。一座城市若没有法治的保障，黑社会、无良商家就会掏空这座城市的利益，人们就会逃离，这样的城市就不会有生机。同样，平台型组织的保障也要靠法治，也就是规则。

关于规则，可以有两种基本的形式。一种是腾讯那种内部竞赛规则或者海尔那种内部创业小微团队，鼓励创业团队自发努力，公司根据团队业绩奖优罚劣，好的给予资金支持，团队得以继续做大，不好的则自然淘汰。这种方式能够将个人收益与业绩挂钩，达成自我实现的目标，极大地调动了员工的积极性。

另一种是华为那样的部门间合作规则，即面对一个攻关问题，各部门抽调人马，讨论出业务规则后加以执行和完成。这种体制似乎不能将个人目标直接与完成的项目挂钩，但实际上更为科学。例如对于一名财务人员，他无论如何都不可能在一个销售项目或者研发项目中发挥主要作用，永远成不了企业的明星。但在华为这种体制中，不是树立项目明星，而是树立各个部门的明星，这样，只要

第三篇 "无生命"管理体系——企业管理的颠覆式升华

财务人员在参与的项目中解决的问题多,完成任务的质量高,就可以成为明星,实现自己的价值。

让一个企业的各个部门均衡发展,才是最佳的平台型组织的要求。当然,腾讯模式在扶持创业团队方面也有很好的效果,但当企业到了一定阶段,就要考虑各项职能的均衡发展。这种均衡发展的底层逻辑就是流程,按照业务本质的、内在的逻辑去运行,才能达到最高效的运作效果。

流程型组织的特点,使得这种企业组织形式是面向现代人性的全面发展需求,是平台型组织的高级形式,这表现在以下方面。

1. 以客户为中心本质上是满足自我实现的需求

以客户为中心本质上是自我驱动,不是围绕上级,等着发号施令,而是用自己的判断明确一件事是否符合客户利益,以此决定自己的行动。这如同人人自己当老板,每个人对自己负责。当然,流程型组织不是一个摆摊设贩的平台,而是按照业务流程构建的一台机器,每个人都是这台机器上的螺丝钉。卓别林在《摩登时代》中扮演了一个工厂里的螺丝钉,但那是雇佣关系,而流程型组织中的螺丝钉是要自我发展的。我在自己的岗位上一天只做一件事,但明天能不能做两件事?效率提高了,就是为客户多创造了价值,公司就会给我更多的回报,这就是流程型组织中员工的心态。流程型组织的意义在于把以客户为中心通过流程传递到每一个岗位,使得每一个岗位上的员工都获得了实现自我价值的机会,而不是一定要结成一个直接面向客户的单元,用承包的方式实现自我价值。

2. 流程型组织促进了新时代的创新

人类社会会在特定的时期诞生特定的文明,孔子和苏格拉底时期是哲学发展的黄金时期,从牛顿到爱因斯坦是物理理论大发展时期,从瓦特到爱迪生是发明家的辉煌时期,乔布斯和马斯克的发明实际上已经和企业不可分割,而IBM的量子计算和华为的5G技术已经分不清、道不明背后的英雄人物。未来社会必定更多地依赖于集体创新,这就需要流程型组织提供大规模协作平台,让集体的智慧闪亮发光。

3. 流程型组织可以形成更稳定的企业生态

以客户为中心也要求企业建立一个良好的生态,因为企业不是在资本、股东和老板们的呵护之下,而是要员工自己时时刻刻去寻找生存空间。企业生态是企业与企业之间及其外围环境形成的相互作用、相互影响的系统,其可以是生产与服务关系,也可以是以资本为纽带,形成流程上的紧密衔接。

第二节 不是"90后"出了问题,而是管理者落伍了

现在很多管理者感到"90后"很难管,动辄辞职,留下一句"世界那么大,我想去看看"。事实上,有不少新生代从事的工作是以前想象不到的,如网红经济,或者他们早早地拉到天使投资实现各种想法。他们并不担心毕业即失业,或者即使就业,也要看看是否有价值,防止成为"被剥削阶级"。

这种情况早年像华为这样的民营企业就遇到过,虽然那时候大家还不像"90后"这么挑剔,但能够去民营企业的都是边干边瞄着国营和外资企业的,随时都会哗变,因此华为必须真心实意地对待每一位员工,把他们当作企业的资本而不是成本,这才打造了特殊的管理体制。同时代的很多民营企业没有参透这个道理,借着人口红利之机多赚取一些剩余价值。

如今我们再看华为这套管理机制,不得不由衷佩服。很少有企业能够像华为这样,离职的员工很少抱怨公司,无论何种原因离开了公司,都承认工作这段时间,华为对得起每个人的付出,所以,面对"90后"那种自我实现的闯劲,我们应该反思自己的管理体制为什么不吸引人。

一、知识经济时代的标志特征

知识经济是以知识为基础、以脑力劳动为主体的经济,与农业经济、工业经济相对应的一个概念,工业化、信息化和知识化是现代化发展的三个阶段。传统的经济增长理论中注重的是劳动力、资本、原材料和能源,而知识经济将高素质的人才作为主要资源,成为企业的主要资产。知识经济具有以下六个标志性特征。

1. 人才成为企业的资本

从资源配置来划分,企业的核心资本发展变迁可以分为自然资源资本、资金资本、人力资本,这个过程中人力由原来的成本转为了资本。《华为基本法》

中有一句厉害的话:"我们强调,人力资本不断增值的目标优先于财务资本增值的目标",这标志着华为早在20世纪末,已经确定要成为企业的新物种,走进知识经济时代。

2. 资产投入无形化

知识经济是以知识、信息等智力成果为基础构成的无形资产投入为主的经济,无形资产成为发展经济的主要资本,无形资产的核心是知识产权。当很多企业还抱着生产设备等重资产为企业核心时,华为早已将研发作为最大的投入,2018年已上升为世界第五名。

3. 利用知识发展产业

知识密集型的软产品,即利用知识、信息、智力开发的知识产品所载有的知识财富,将大大超过传统的技术创造的物质财富,成为创造物质财富的主要形式。现在很多企业已经认识到这个问题,开始争夺价值链顶端产业。

4. 用战略眼光保障企业的可持续发展

知识经济时代的企业重视可持续化的、从长远观点有利于企业发展的战略,追求自我生存和永续发展,既要考虑企业经营目标的实现和提高企业市场地位,又要使企业在已领先的竞争领域和未来扩张的经营环境中始终保持持续的盈利增长和能力的提高,保证企业在相当长的时间内长盛不衰。

5. 融入经济全球化

高新技术的发展缩小了空间、时间的距离,为世界经济全球化创造物质条件。全球化经营不仅指产品的全球化,还有资本的流通、技术的交换,更重要的是知识、信息的流通。华为后来的发展也是一部全球化的发展历史,并从中获益。

6. 企业组织虚拟化

知识经济时代,企业发展主要是靠人才、关键技术、品牌等无形资产进行经营活动,有形的厂房、设备并非是最主要的组成部分,因此企业组织形式也呈现虚拟化。员工以分工合作关系为联系纽带,结合权威控制与市场等价交换原则的运作机制,形成一个动态企业联合体。

二、知识经济时代对管理者的要求

知识经济时代，知识人走上历史舞台，对企业的要求是能够提供自我实现的机会，因此企业的任务是提供平台服务，构建价值创造的生态。这对管理者的影响是最大的，因为他们不再是通过拥有权力而使用资源，而是规则制定者和维护者，这与传统管理者的使命有着不同的内容，具体表现如下。

1. 建设和使用规则取代个人业务能力

新型企业的组织形式是生态组织，因此对于管理者的要求是生态建设者，而不是直接的业务创造者。管理者的任务就是围绕组织目的、使命和核心价值，引导建设各种落地规则，并维护规则的执行。管理者的业绩不是通过直接的业务活动来体现，而是考察组织建设和运行的效果。

这与现在很多企业对领导干部的选择视角是不同的。现在选拔领导干部比较注重业务能力，这样的干部能够成为企业的支柱，但这样的支柱并不稳定，关键人物的离去也会使企业陷入极大的风险中。华为坚持采用平衡计分卡的方法进行绩效考核，就是为避免单纯注重业务绩效导向，引导管理者全面发展，如考察管理者的流程建设情况。

2. 去中心化协作，共生共荣

传统组织的科层制结构中，权力是维系这个体系的主要手段，而权力按层次分解，维系组织的关系，这种方法在人口红利下的社会阶段可以是行之有效的，能够获得很强的执行力。但是新生代员工开始挑战这种传统方式，他们更趋向那种去中心化模式下的自由度，可以追求最高的自我实现需求。管理层必须注意到这一变化，一成不变可能失去群众基础。

华为实行的流程型组织将管理者的管理权和指挥权分开，使得没有一个领导干部获得绝对的权力，因而也不能形成权力中枢。企业以客户为导向获得工作方向和动力，各种权力拥有者必须合作才能完成一项任务，形成共生关系，在相互合作中发展壮大。

3. 打造服务型领导，以维护生态为责任

传统组织以权力责任为中心，功过是非由领导担当第一责任，因此难免要

第三篇　"无生命"管理体系——企业管理的颠覆式升华

求管理者能够亲临指挥,甚至身先士卒,成为业务和管理的核心。部属的执行活动是为了保证管理者指挥意图能够得到正确的贯彻,因此,部属员工是服务者角色。

但是,在面向知识人的组织中,管理者自己从事直接的业务创造是一种错误定位,会与企业价值创造者产生利益冲突。管理者应当看到生态建设中的问题,如运作效率、风险控制等,解决这些问题本身也是价值创造,只不过这种价值直接面向生态,间接产生业务价值。所以说像流程型组织建设首先是领导层面的意识转变,不可能自下而上地建设。

由此看出,发展中的现代管理学与经典管理学在基础假设上是不同的,不能简单地认为管理学是延续性发展,成为一个现代企业需要思想上的转变。华为的成功离不开他们内部最常出现的一个词语——变革。

第三节　IBM,教会华为爬树的猫

一、IBM 对现代管理学创新的贡献

当前,很多互联网平台型企业对新的企业组织模式进行探索和创新,这得益于互联网提供了新的发展空间。IBM 在 20 世纪 90 年代并没有这样的条件,但郭士纳倡导的以客户为中心的经营管理模式变革,已经具备了基于知识人假说的管理思想,因此可以说 IBM 是最早践行现代企业管理思想的企业。

郭士纳的变革使得 IBM 的经营管理转向基层团队,实行去中心化运作,这样,企业的存活不在于管理层指挥,而是基层团队必须有自己活下去的能力。IBM 基层团队的可贵之处在于积极地通过学习和运用各种管理方法来提高团队的能力,依靠知识实现自我价值。这其中比较著名的是对 IPD 的发现。

IPD(Integrated Product Development,集成产品开发)是一套产品开发的模式、理念与方法。IPD 的思想来源于美国 PRTM 公司 1986 年出版的《产品及生命周期优化法》(Product And Cycle-time Excellence,PACE)一书,该书中详细描述了一种基于产品及周期优化法的理念以及产品开发流程。但是该方法诞生后数年一直无人问津,直到 1993 年郭士纳接手 IBM 开始变革后,IBM 形成各基层团队寻找和运用管理方法进行业务优化的做法,此时 IBM 的研发团队看中

了 IPD，最先将其付诸实践。IBM 研发团队经过分析后发现，他们在研发费用、研发损失费用和产品上市时间等几个方面远远落后于业界最佳，而 IPD 能有效控制研发的节奏，在综合了许多其他业界最佳实践要素的框架指导下，从流程重整和产品重整两个方面来达到缩短产品上市时间、提高产品利润的目的。之后，由于 IPD 给 IBM 带来的显著变化，这一方法在更多的企业中传播，包括成为华为的核心竞争力。

另一个实例是 BLM（Business Leadership Model，业务领先模型，也译为业务领导力模型）。BLM 在 IBM 起初是用于提升创新领导能力的方法，它并不是 IBM 的原创，而是将来源于战略管理领域的美世 VDBD 战略模型与组织行为学领域的纳德尔图斯曼（Nadle-Tushman）组织变革模型进行拼接。出于实践的需要，IBM 一贯对管理理论进行去伪存真，将两种模式组合运用，真正地让理论发挥作用。当前，IBM 的 BLM 模型已经与著名的波士顿矩阵、SWOT 分析以及迈克波特的五力模型相提并论，华为将 BLM 用于战略制定与执行，更使这个方法名声大振，为许多公司效仿。

IBM 在这一时期的管理学成是全面开花的，涵盖了研发、供应链、财经、流程、内控等各个方面，这也使华为从中获益匪浅。任正非坚定地学习 IBM 是一个明智之举，因为 IBM 的方法可实践性强，都是他们实际工作中的做法，并且构成一个体系，确实可以帮助华为少走很多弯路。

二、任正非为什么要学习 IBM 的管理方法

1997 年岁末，在西方圣诞节前一周，任正非随同深圳市原市委书记厉有为匆匆忙忙地访问了美国休斯公司、IBM 公司、贝尔实验室与惠普公司，回来后写下了《我们向美国人民学习什么》，决心向 IBM 学习。

该文章中写道："我们在 IBM 听了整整一天的管理介绍，对它的管理模型十分欣赏，包括一个项目从预研到寿命终结的投资评审、综合管理、结构性项目开发、决策模型、筛选管道、异步开发、部门交叉职能分组、经理角色、资源流程管理、评分模型……从早上一直听到傍晚，我身体不好，但不觉累，听得津津有味。后来我发现朗讯也是这么管理的，全都源自美国哈佛大学等著名大学的一些管理著述。

第三篇 "无生命"管理体系——企业管理的颠覆式升华

"圣诞节美国处处万家灯火,我们却关在硅谷的一家小旅馆里,点燃壁炉,三天没有出门,开了一个工作会议,消化我们访问的笔记,整理出了一叠厚厚的简报准备带回国内传达。我们只有认真向这些大公司学习,才会使自己少走弯路,少缴学费。"

华为对 IBM 十分青睐,在众多咨询公司中唯独选中 IBM,有以下几个原因。

1. IBM 与华为一样,有自身的实业

纯粹的咨询公司,汇集了最先进的管理方法,但自身没有实践,需要在别的公司实践,因此谁也不能保证他们的方法有没有实践过,自己会不会成为小白鼠。但是 IBM 的方法是在自身上实践过的,实用性上更可靠。

2. IBM 传授的是实际做法

很多研究机构都会定期推出对某个市场未来十年甚至二十年的预测,背后有怎样的逻辑、算法、数据来支撑,但 IBM 会觉得这些预测不靠谱,所谓的算法之类可能也太高深,不会用到实际业务中,他们更倾向于如实地根据自己掌握的线索、趋势来推导演算。总之,IBM 不会用一套理论来指导你怎么做,而是告诉你他们自己怎么做,这些做法是他们研究了现有的理论方法后觉得行得通的。

3. IBM 经历过的危机正是华为将面临的

任正非在《我们向美国人民学习什么》中写道:"由于长期处于胜利状态,IBM 造成的冗员、官僚主义,使改革困难重重。聪明人十分多,主意十分多,产品线又多又长,集中不了投资优势,公司又以年度做计划,反应速度不快。管理混乱,几乎令 IBM 解体。

"华为的官僚化虽还不重,但是苗头已经不少。企业缩小规模就会失去竞争力,扩大规模却不能有效管理,又面临死亡。管理是内部因素,是可以努力改善的。规模小,面对的都是外部因素,是客观规律,是难以以人的意志为转移的,它必然抗不住风暴。因此,我们只有加强管理与服务,在这条不归路上才有生存的基础。这就是华为要走规模化、搞活内部动力机制、加强管理与服务的战略出发点。"

任正非认为,IBM 的管理制度是付出数十亿美元的代价总结出来的,他们经历的痛苦是人类的宝贵财富。华为花几亿美元把它学过来,不是吃亏,而是捡了大便宜,可以少走很多弯路。

华为双向指挥系统——组织再造与流程化运作

第四节 不可忽视的华为 1998

当前,学习华为的企业有不少,是否有成功的?目前还未知,但失败的肯定不少。暂且先不分析失败的原因,我们只要审视一下华为变革的历程,就会发现一个环节似乎被忽视了。华为 1997 年开始引入国外咨询公司进行管理变革,第一个项目是与合益集团(Hay Group)合作进行人力资源变革,建立科学的职位、薪酬体系、任职资格和绩效等管理体系;1998 年第一次与 IBM 合作,进行流程及 IT 策略与规划;此后开展一系列的变革项目(1999 年开始 IPD 变革,2000 年开始 ISC 项目,2005 年开展 BLM 项目,2007 年启动 IFS 项目及 LTC 为核心的 CRM 项目群等)。

这些项目现在都是企业学习的热点,但唯独对于 1998 年的流程及 IT 策略与规划关心的人甚少。其实这个环节非常重要,如果不重视起来,企业的管理思维一定还停留在靠人的能力以及业务价值创造的传统经营模式上,而不是华为那种依靠规则培养生态体系的新型企业,是用老壶装新酒,怎样都做不到脱胎换骨的变革的。

华为在 1998 年做了什么?这一年华为与 IBM 合作,于 8 月份正式启动了流程及 IT 策略与规划项目,主要内容与核心目的是规划和设计华为未来三至五年需要开展的业务流程和所需的 IT 支持系统,由集成产品开发、集成供应链、IT 系统重整、财务四统一(财务制度和账目统一、编码统一、流程统一和监控统一)等八个子项目组成。通过这个项目,华为开始布局未来,走上了系统化的管理变革之路。

流程及 IT 策略与规划项目的意义在于以下几个方面。

1. 奠定了管理变革发展的路径

华为的变革是一项系统性的工作,不是今天觉得研发不行改研发,明天觉得销售不行改销售,那是头疼医头、脚疼医脚的做法,不是从根本上入手。此前 IBM 来华为时经过调查给出这样的诊断意见:① 文化:故步自封,技术驱动,自我为中心;② 组织:本位主义,部门墙厚重,各自为政,内耗大;③ 人员:依赖英雄,成功难以复制,组织风险大;④ 流程:缺乏结构化端到端流程,运作过程割裂；⑤ 技能：游击队，作业不规范，专业技能不足；⑥ 产品：和市场分离，产品开发不是围绕市场的成功而进行；⑦ 知识产权：产品标准等方面的新问题层出不穷；⑧ 交付：质量不稳定，频发的售后服务冲击了研发节奏，蚕食利润；⑨ 研发：技术开发和产品开发未分离，质量和进度不受控。可以说，当时华为的问题是周身性的，不是定位一两个问题就可以解决的。

那么，从何入手，这需要一个分析的过程，而流程及 IT 策略与规划项目就是为了制定一个发展路标。需要说明的是，这个项目规划的八个子项目只是起步阶段要做的事，关键是华为学习和掌握了这套规划的方法，使得后续华为能够自我不断完善和发展。IBM 的 BP 和 SP 方法是滚动的，每年迭代进行，刷新三至五年的规划（SP）和输出当年工作计划（BP），因此，后续华为便持续进行着自己的流程与 IT 规划，如 IFS（集成财经变革）、LTC（线索到回款）等，都是华为自己做的规划。

2. 构建了支撑变革的组织

流程及 IT 策略与规划项目之所以不被重视，是因为很多人觉得它只是一个起到支撑作用的工作，为业务部门提供计算机服务以及一般的流程优化服务，无论如何不能与直接创造价值的业务变革相提并论。但事实上 IT 运用才能体现企业管理效率的最高水平，而 IT 必须建立在企业的流程之上，IBM 选择流程及 IT 策略与规划项目进行切入是明智之举，这是用长远的目标牵引企业的持续发展。

面对方方面面的问题，IBM 建议华为成立专门的组织，以集中管理变革事务，这就是流程 IT 部门。这个部门内部又按照制定的流程架构领域分别设置不同的子部门，如研发流程 IT、销售服务流程 IT、人力资源流程 IT 等，分别组织各自领域的流程规划建设。事实证明，这些部门专注于面向变革的流程 IT 方法的学习和研究，在 IPD、ISC、LTC 等各领域变革项目中发挥了核心的作用。

3. 初步掌握科学的流程开发方法

流程不是单纯地以问题为导向，为解决一个问题就开发一个流程，很多企业用这种方法后发现流程越来越多，问题反而复杂化。科学地开发一个流程需要统筹考虑，运用科学的方法，才能让流程真正能够提高效率。IBM 虽然有很多经验，但掌握这些方法光凭学习授课是不够的，还要在实践中理解和消化。

华为在 1998 年同时还启动了一个不起眼的小项目，即由 IBM 指导的采购变革项目，运用IBM的采购理念，改变过往华为的采购行为和工作方法，制定从管理需求、执行采购到供应商评审的端到端的采购流程，使得采购业务清晰地展现其在公司价值创造中的作用。这个项目也成为变革试水的第一只小白鼠，使得流程IT部门从中掌握了"关注—发明—推行"的流程建设方法，使得流程IT建设工作在公司全面开展。

得益于最早开展变革，采购领域的流程建设一直是华为最领先的，从1998年的"采购1.0"到2018年的"采购3.0"，华为采购从原始转身为国际化标杆，使华为在中美贸易战中掌握了主动权。

4. 传承了IBM团队创新的精神

由于任正非对学习IBM的坚定支持和虚心学习，IBM那种团队创新和去中心化运作机制也在项目过程中传递给了华为的团队，使得华为的团队也学会了基层团队实际运作、管理团队参与评审的模式，将管理模式由领导为中心转向以客户为中心。以这种模式转变为基础，再进行各种业务变革，就能在基层中形成"我要变革"而不是"领导要我变革"的主人翁意识，这对变革效果影响甚大。

很多企业也和华为一样请IBM指导实施IPD，但效果却没有那么好，不少企业半途而废。其中的原因有很多说法：有的说是领导不够重视，有的说是部门之间协同不好，这些固然都是原因，但比较这些企业与华为建立IPD团队的动因，可能起跑线就决定了胜负。一般企业都是领导要求建立IPD团队向IBM学习，而华为其实并没有一开始就找IBM，他们由内部团队先行研究，发现仅凭学习和已有的经验不足以理解和掌握IPD方法，所以请求立项聘请IBM顾问。这就是差别：一种是家长请老师来教孩子，另一种是孩子要学习而要家长请老师，这两种孩子的高下一眼便知。任正非的高明之处在于不直接给孩子灌输知识，而是给他们培育热爱学习的意识。

第五节 华为公司的管理蓝图——流程成熟度目标

华为公司有宏伟蓝图吗？今天的成就是按照以前制定的蓝图一步一步实现的吗？不是，因为任正非曾经想把华为卖掉，在2003年时基本与摩托罗拉谈定以100亿美元成交，只是在最后一刻摩托罗拉新董事取消了此次收购，才避免了一次改变历史的行动。

第三篇 "无生命"管理体系——企业管理的颠覆式升华

如果当时华为卖给了摩托罗拉，接下来会怎样？任正非说已经考虑好去做拖拉机，因为以华为的研发能力，华为可以成为世界上最大的拖拉机公司。可惜历史没有假设，但至少说明华为的成功不是因为对行业的选择，而是练好了内功。任正非说："我们留给华为公司的财富只有这两样，一是管理架构、流程与IT支撑的管理体系，二是对人的管理和激励机制。华为相信，资金、技术、人才这些生产要素只有靠管理将其整合在一起，才能发挥出效应。"

我们现在可以看到，华为作为5G时代的领跑者，有着很多梦想在召唤着，这是摆脱2003年之前的困局后才有的光明。但在华为的严冬时期，即使对通信行业不抱信心，任正非仍然对他打造的组织有着坚定的信心，他的蓝图在这里——打造一个世界级的组织。

华为的组织蓝图是什么？我们从华为的流程成熟度可以窥见一下。流程成熟度是迈克尔·哈默提出的流程管理工具，用于反映企业在流程管理规划设计、管理应用、保障机制、理念文化等方面的水平，评估企业流程管理现实情况。但是流程成熟度在华为是另一个意思，因为在华为看来"流程＝业务"，因此流程成熟度就是业务成熟度，并不是看具体的流程建设得好坏与否，而是整个企业管理处在什么样的水平。

一、华为流程成熟度模型的内容

华为的流程成熟度模型称为 GPMM（Global Process Maturity Model），它把企业的管理水平分为五个等级，如图 7.1 所示。

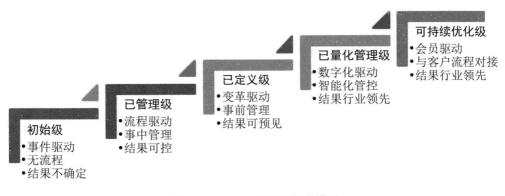

图 7.1 GPMM 流程成熟度模型

1. *初始级——事件驱动*

企业内的各项活动处于混沌状态，都是被动地由外界事件刺激而驱动的，例如员工的工作都是领导说一句才做一步，完全是一枚棋子。这时的企业处在完全没有流程的状态，业务结果是不确定的。

2. *已管理级——流程驱动*

这一阶段表明企业已经具有一定的管理能力，使得既有的业务活动变得有序，可以进行过程管理，因此可以通过业务过程的监控，在最终工作结果未出现时便可以进行预估。由于这个阶段以过程控制为主要管理手段，因此也可以叫"事中控制"的阶段，企业做到过程可控。

3. *已定义级——变革驱动*

这个阶段企业已经能够超越了既有流程的管理，不仅仅追求流程优化，而是将变革看得更重，优先保证业务方向的正确性，该淘汰的业务就淘汰，更具战略眼光，因此这个阶段也可以叫"事前管理"的阶段。

4. *已量化管理级——数字化驱动*

基于流程正常运营后产生的数据，企业具备了深入分析业务经营状况的条件，从而可以挖掘出更多价值信息，丰富了经营决策的支撑基础，并且有了进一步提高管理自动化的能力。已量化管理阶段表明企业进入了一个现代化的阶段，流程规则充分固化，工作效率极度提高。

5. *可持续优化级——全员驱动*

全员以自我实现为目标，以客户为中心作为驱动力，自发的努力工作。此时，对流程优化的意识和能力已经不仅仅局限于管理者，而是贯彻到了基层员工，共同为企业生态添砖加瓦，使得企业的发展具备了高度的自生性。

从华为的流程成熟度来看，华为的管理蓝图是很宏大的，至今也只在中等偏上的水平，但华为已经取得世人瞩目的成就。华为给自己制定如此长远的目标，这是驱动华为不断向前的动力。

二、华为流程成熟度模型的特点

很多企业对流程成熟度模型只停留在了解知晓状态，未进行实际应用和实施，因为流程成熟度既没有外部的认证机构和需求的推动，从内部来看也很难和经济收益挂钩，投入这项工作看上去是不值得的。而华为的企业文化已经深入各个部门，每一个领域无不向着世界级管理水平迈进，华为的流程管理部门自然也不会忽视流程成熟度模型，在这个无人区不仅潜心研究，而且深入发展，为我所用。

华为对流程成熟度模型应用的一个核心就是"实用"，为此，华为至少有以下三个方面的发展。

1. 华为将流程成熟度模型与企业的战略相关联

华为追求不断提高经营效率，获得最大的利润，为此不仅需要依靠流程提高管理水平，更要追求流程的自动化，达到效率的极致。因此，从流程成熟度模型来看，完成流程建设只是一个阶段性任务，更重要的是后续的数字化管理和全员参与的持续优化。这个模型只用三个阶段就要走完其他模型五个阶段的任务，目标之高可见一斑。

2. 华为流程成熟度模型与业务更加紧密地相结合

在实际成熟度指标设计和运用中，华为的流程成熟度模型嵌入了不同部门的不同评价标准，使得流程成熟度评估更加真实、更加实用，体现了流程即业务。同时，流程成熟度模型也可以成为不同部门之间的考核、竞赛标准，引导各部门重视规则建设，并向着自动化、智能化不断发展。

3. 以全员持续优化和流程文化建设作为最高目标

华为的流程成熟度模型还吸取了流程建设的经验教训，把全员持续优化和流程文化建设作为最高目标。全员参与的持续改进一直是企业质量文化建设所倡导的，但实际执行往往受到客观条件的限制，例如，运用六西格玛的方法需要依赖 IT 系统提供数据，所以在流程和 IT 建设未成熟时推行六西格玛是不现实的。在厘清这些关系后，华为把全员驱动的持续优化作为最高境界，显示了不忘初心的追求，同时也为持续优化文化建设找到了一条正确的道路。

第六节 "无生命"组织对传统管理学的突破

华为管理体系的特质是什么？2015 年任正非在华为公司质量工作汇报会上

的讲话中说道:"华为公司最宝贵的是无生命的管理体系,以规则、制度的确定性来应对不确定性,因为人的生命都是有限的。我们花了二十多年时间,终于搞明白了西方管理。"

一、经典管理学的侧重点

为何西方管理比较注重规则?这或许源自于传统的组织方式,我们可以从古代军队的组织特点领略一下。中国很多战役的胜利取决于关云长或者李云龙这样的将帅的现场指挥,但西方军队的战法不是在战争过程发挥指挥艺术,而是视战争为工程,将领的任务是打造好战争机器,一旦投入战斗,战争的过程只能由这个机器自动去完成。我们从描写古罗马的战争片可以看到,双方军队排列成方阵,整齐地逼近对方开始厮杀,每个士兵左手拿盾、右手拿剑,但奇怪的是每个士兵只砍杀右前方的敌人,而不顾左前方的来敌,因为左前方的敌人由左边的士兵负责。这就是平时练就的规则,西方军队的这种思想从冷兵器时代到热兵器乃至现代的远程精确打击,一直延续着。

奇怪的是西方经典企业管理理论却没有着重体现规则建设方面的发展,反而是人文领域的理论居多,如激励、目标、领导力等,这是什么原因?这得看一下企业是什么。现代企业主要是一种以盈利为目的,运用各种生产要素(土地、劳动力、资本、技术和企业家才能等),向市场提供商品或服务,实行自主经营、自负盈亏、独立核算的"法人"。"法人"不是自然人,但却是自然人构成的社会单元,这样"法人"就需要像一个小型社会一样凝聚一群人,因此需要一套解决人们行为和关系的科学,这成了经典管理学的主要内容。

然而,"法人"制度似乎出了些问题,因为法人代表通常需要代表股东利益,否则,他的权力会轻易被剥夺,这就导致企业经营瞄准了股东利益最大化——这个命题现在几乎没有人怀疑,因为企业是股东们投资的。任正非看出了其中的问题,在对比了北方电讯等大公司的衰败过程,他感到股东对利润的攫取导致了公司生命被透支,因此确定了华为永不上市的方针。

2019年8月19日,颇具影响力的美国商业圆桌会议(BRT,一个由近200家美国最著名公司的首席执行官组成的协会)发布了一份新的公司使命宣言,将"企业的本职工作就是为股东赚钱"的旧目标扔到垃圾桶里,宣言强调要"为客户创造价值""投资于员工""促进多样性和包容性""支持我们工作的社区"以及"保护环境"。这表明，股东利益高于一切的观点在西方资本主义意识形态下也受到了挑战，大多数 BRT 公司已经开始转变，而此时华为已经在这条道路上奔跑了二十多年。2019 年 10 月 15 日，任正非在接受北欧媒体采访时说："华尔街是大股东资本主义，而华为员工都是一少点股份，做不了大富翁，属于'不三不四'主义，临时称之为——员工资本主义。"

二、华为管理的特点

任正非接过郭士纳"以客户为中心"的旗帜，让华为这个组织不再受逐利思想而影响产品和技术应有的发展轨道，在市场中游刃有余，呈现了新的特质。

1. 员工即股东，为自己奋斗

华为实行全员持股，并且不上市流通，因此华为的股东就是每一个奋斗者，公司的回报只给这些贡献者，本质上员工是在为自己奋斗。员工是企业的主人，业务决策不会以单纯的财务指标为导向，而是在专业知识的指导下敢于向无人区发展。

2. 知识即资本，公司只是平台

员工的知识被视为企业最宝贵的财富，人力资源成为业务中最积极活跃的要素，而不是被资本采购的对象，被动地方参与工作。这种方式也很好地防止了食利资本参与利润分配，给予劳动者最大的回报。

3. 客户满意即利润，与客户共赢

以客户为中心将员工的利益与客户的利益绑定，失去客户即失去利润的源泉，除此之外没有第二条路，没有从资本方获取现金流的途径。这样的结果就是将业务扎根于客户，真心实意地为客户服务，从而使业务得到发展。

三、流程型组织带来的改变

由此可以看出，郭士纳和任正非推行的流程型组织使管理重回规则，是企业界的"文艺复兴"，而与之相对应的理论准备好了吗？显然没有，因为经典管理学的计划、组织、领导、控制等各种管理职能主要针对一个管理者，而不是

"无生命"的管理体系。

流程型组织在管理学的研究内容上看,有三个方面的转变。

(1)生产力方面:经典管理学研究如何根据组织目标的要求和社会的需要,合理配置组织中的人、财、物各要素,充分发挥其作用,以求得最佳的经济效益和社会效益的问题。流程型组织直接以客户需求为组织目标,力求在预先部署好的资源路径中获得最快、最优的客户满意,即使没有预设路径,也要努力去探索建立。

(2)生产关系方面:经典管理学研究如何正确处理组织中人与人之间的相互关系问题,如何建立和完善组织机构以及各种管理体制,如何激励组织内成员,从而最大限度地调动各方面的积极性和创造性等问题。但是,传统管理学这种关系都是上下级的服务关系,而流程型组织可以将指挥权交给基层,去中心化的运作,生产关系的优胜劣汰取决于客户的认可。

(3)上层建筑方面:经典管理学研究如何使组织内部环境与其外部环境相适应的问题,如何使组织的规章制度与社会的政治、经济、法律、道德等上层建筑保持一致的问题,从而维持正常的生产关系,促进生产力的发展。而流程型组织也面临这些问题,但高层意见只是专业团队的输入参与论证,最终要为基层团队所接受,形成一致意见才行,也就是说,流程型组织将上层建筑构建地更接地气。

第八章 计划职能：不拍领导的脑袋

计划职能在管理学中的含义是指根据对组织外部环境与内部条件的分析，提出在未来一定时期内要达到的组织目标以及实现目标的方案途径。"计"是测量或核算，是计划的根据，"划"在古文字中是"画"+"刀"，指用刀刻画，以展示构想的方案。但是现在对于平台式的流程型组织，没有中心人物的构想和刻画，那么这个"划"就需要重新解释——划分工作。流程型组织中，团队目标是明确的，就是以客户为中心，剩下的就是团队如何分工，共同配合来完成。传统型组织中计划工作是领导者天经地义的事，但计划工作越细致入微越有效，这对领导者来说往往是超越能力极限的，所以很多人不得已用"拍脑袋"的方法，但这样的方法凭的一种是不可名状的灵感、直觉或经验，不是由"计"而"划"。

第一节 管理者，能跳出"计划控制陷阱"吗？

计划职能是指管理者预测未来、确定目标、制定实现这些目标的行动方针的过程，它涉及原因与目的、活动与内容、人员安排、时间安排、空间安排以及手段与方法的选择等问题。计划在管理职能中处于首要地位，直接关系到其他职能的作用和效果，管理者必须制订计划，以确定需要什么样的组织关系，什么样的人员配备，按照什么样的方针、政策去领导员工，以及采取什么样的控制方法。

一、计划控制陷

计划与控制是一对密切相关的管理职能，其相关性在于它们有此消彼长的关系。我们常说："凡事预则立，不预则废。"但我们又会说："车到山前必有路。"似乎两者都各有各的道理：做计划是好，但成本也高，做了也赶不上变化，不如少花些精力，在控制上多下功夫，也能弥补。这成了很多人不充分重视计划的原因，例如投资界认为投资项目不可控，所以很多人采用盲投的方式，把鸡蛋分散到不同的篮子里，只求平均回报即可。

经典管理学以管理者为研究对象，计划与控制都是由人来完成，由于计划与控制此消彼长的关系，并没有对"强计划＋弱控制"还是"弱计划＋强控制"做出明确的指导，孰强孰弱往往是管理者难以拿捏的，所以称为"计划控制陷阱"。

这个问题如果结合信息技术就会有另一个答案。由于控制职能相对有目标、有规则，因而容易自动化，于是可以出现一种"人做计划、机器做控制"的模式，这种模式的控制效率是高到极致的，厚积薄发，因此一旦运用就具有无比的竞争力。毫无疑问，这给出了答案，"强计划＋弱控制"效率更高。唯一的不足是"强计划＋弱控制"需要更长的准备周期，但时间会让这种模式后来居上。

经典管理学的产生背景是在信息技术尚未成熟的时期，自然对这一要素的考量不是很深入。当前的技术已经不可同日而语，管理学应当向现代化发展，当时未能预见的这些问题应当拿来探讨。

二、计划职能存在的问题

计划工作是一家企业领导的重要职责，可以说一个领导的计划能力决定着一家企业的成败，如同战争中一定是善于谋划的将帅能够取胜。然而，这种将胜负系于一个领导人物的方式也给企业带来了风险——一旦领导人决策错误，企业的生存和发展可能会受到影响。

管理者执行计划职能时会遇到下面的问题。

1. 计划的主观性成分较大

计划的过程是人思考的过程，经过分析、推算、判断而得出结论和决策，包含个人观点和喜好,因此带有主观性。而外部世界是客观的,即使以人的感知来表达客观世界,那也需要大多数人的认同,个体不能代表大多数人,正如没有一个人能精确预测股市的走向。

诺基亚曾经的辉煌止步于2010年上任的CEO史蒂芬·埃洛普,他本应当领导诺基亚进入智能机时代,但他选择了等待尚未面世的微软Windows Phone作为其主要平台,而不是已经成为主流的、开放的Android。很显然,埃洛普的决策包含了更多主观成分,他期望的Windows Phone盛世并没有来临。

2. 计划者与执行者脱节

虽然很多领导者是从基层岗位走上来的,但管理岗位毕竟与基层岗位不同,接受的信息和工作方式是不一样的。如果刚离开基层岗位时,领导对基层工作一定是熟悉的,这是计划与实际可以保持一致,没有问题,但如果过了一定时间,如三、五年后,基层业务发展会有很大变迁,管理者未必对新的业务模式和要求像原来那么熟悉,制订的计划就可能与实际脱节。

例如,信息技术已经成为日常工作中重要的工具,并且从单机到网络、从功能到职能一代一代地发展着。管理者过往没有这样的条件,对这些工具自然不熟悉,在工作导向中就不会过多考虑,依然按照传统的、低效率的方式部署工作。新一代员工掌握着更好的技能,但工作中却得不到发挥,于是他们的不满导致了另起炉灶,这就是为什么传统行业转型困难而互联网等新兴企业蓬勃发展的原因。

3. 计划工作难以准确

我们常常会感到"计划赶不上变化",因为计划是对未来的规划,在制定事物的发展规划以后,事态发展仍然有不定性、未知性以及突发性的变化,这些是难以预知的。计划赶不上变化不可怕,可怕的是很多管理者为此会对计划工作失去信心,难以正视计划职能,抱着"车到山前必有路"的态度放任对工作的事前管理,企图通过事后弥补,但这样的代价更大。

共享单车原本是共享经济的一个亮点,但资本的热潮使得身在其中的企业和资本都失去了耐心,全然不顾财务模型和实体经营,即便是作为投资项目也全然没有冷静的、理性的商业计划,完全成了赌局,结果必然是一地鸡毛。

第二节 三个臭皮匠,顶个诸葛亮

计划的客观性是指计划的真实程度,与主观性相对。客观的计划更符合事物的客观存在,能够正确指导实践。企业中客观地制订计划而不掺杂个人主观见解,可以更好地适应市场需要。计划如果主观而随意,必然会导致计划落地时的困难,因为落地必须客观现实,主观的计划隐含的问题必然在落实时暴露出来。所以计划中的潜在问题不可回避,重视计划的客观性可以帮助我们在工作中少走弯路。

一、计划客观的必要性

客观指不依赖于人的意识而存在的一切事物。不管人们是否认识它、是否知道它、是否承认它,都照样存在的,就是客观的。因此,一个客观的计划是围绕事物的客观规律,人们制订适合自然发展的工作计划。主观跟客观正相反,它指被人的意识所支配的一切,因此主观的计划是按人的意志来执行。

完全客观的计划是做不到的,因为世间万物太复杂,人们一直在探索,因此再客观的计划也要掺杂主观。当然,主观也有规律,基于这些规律也有一定的客观性,例如,中医没有刨根问底式的解剖、化验,仅根据阴阳辨证和药理调理,也能解决一部分病症。

2017年,任正非在华为战略务虚会上提到:"一个公司取得成功有两个关键,方向要大致正确,组织要充满活力。"这里的前半句是指公司的产业方向和技术方向,我们不可能完全看得准,做到大致正确就很了不起。不可能什么事都看清楚了再行动,那样可能已经贻误战机。

但是大致正确的重点不在"大致"上,而仍然是在"正确",而这个正确必须有一定的客观依据。不能看到某款产品走红就认为这是正确方向,因为你看到了,意味着市场已经变了,客户、竞争都有变化,这种正确只是感觉,是主观的,没有客观依据。华为的每一项战略不是拍脑袋拍出来的,而是内部切切实实分析了多少种需求,要做多少件事,这么多事排着队做也得三至五年,所以说华为的三至五年规划是实打实的,不是一句口号。

客观决定主观，主观能反映客观，并对客观具有能动作用。当主观正确反映客观并作用于客观时，对客观事物的发展起促进或推动作用；反之，对事物的发展就起阻碍作用。因此，企业经营必须使计划的主观部分符合客观基础，把计划工作做扎实。

流程型组织是强计划导向的业务模式，尽一切努力把工作做在前面，以充足的时间换取行动上的一次性成功，实现后发制人，这样就必须以计划的客观性为工作之本。尽管不是每一件具体的事情都能做到100%的客观，但工作越细致，客观程度越高，这是必定的。

二、以多源的需求保障计划的客观性

如何能够做到计划的客观性？一个有效的办法就是增加计划制订的参与者。经济学中说价格是商品价值的体现，但这种价值不是某一次交易的价格，而是社会的平均价格，只有在无数次的价格比较中才能找到经济上这只无形的手。一个计划如果由多人共同参与，其客观性将大大增加，中国的俗话"三个臭皮匠，顶个诸葛亮"正是这个意思。

由一个群体来制订计划，首先得益于信息来源的全面性。例如，华为首款被消费者关注引起热购的手机 Mate 7，其命名并非按版本号升级而来（此前只有两款 Mate 系列手机），而是一次性推出了七项新特性，为纪念这个里程碑式的跨越而命名。为何一般品牌的新手机一次最多只能推出两三个新特性，而华为能够一次推出七个，其背后的原因是华为新产品的需求不仅仅来自于研发部门，还包括市场、客服以及各个角度代表的客户需求，这些庞大的需求为产品计划的客观性提供了基础。

流程型组织提供了这种群体参与的机制，保证每一项业务计划建立在多源的、充分的信息基础之上。计划工作也是有一个流程的，即信息和需求收集、目标分析、选择关键点、制定方案、确定行动策略等，这个过程可以由领导人独立完成，但如果一个人独立来做，他可以根据自己的能力而选择性地有所扬弃，例如，需求收集方面，领导人可能认为自己已经掌握足够代表性需求而不再继续扩大收集范围，或者因为时间和精力原因不能将范围放得足够大，这些就会影响这个流程的实际效果，造成主观性增大。而流程型组织可以强制这些环节被严格执行，而且由于是群体参与，大大地提高了计划的客观性。

在流程的机制下，用群体的方式制订计划，是否意味着领导成了"傀儡"？其实领导仍然是计划制订的重要环节，计划的最终选择和决策权力仍然是由领导掌握，因为这是领导担负的责任。与传统组织不同的是，流程型组织要求领导做"选择题"，而不是把计划工作全部揽下。如果由领导来揽下计划工作，那么必然影响到基层的参与度，背离对计划客观性的追求。

第三节　计划协同，我们来PK一下

传统型组织中计划通过分解的方式逐层细化，因为高层领导不可能制订一个详细到如何操作的计划，他们定位于战略层面的部署，给定方向并明确为什么制定这个目标（Why），由中层管理者确定做些什么工作（What），最后到基层管理者制定任务的执行细节（How）。这种方法似乎最终也能形成详细的可操作计划，但实际上在逐层分解中难免因为每个人的主观认识和理解不同而造成各部门在衔接上的不一致。如果基层计划执行中出现了问题，可以认为是基层理解不到位，这时需要计划的制定者（即高层领导）进行阐释协调，因为对于整个计划意图高层是最清楚的。这样会使高层成为业务瓶颈，在一来二去的解释协调中降低了业务效率。

一、计划协同

流程型组织在去中心化的管理原则下，高层计划不是直接分解，下级领取任务即可，而是作为基层计划的输入，基层要独立完成进一步的执行计划方案，对于出现的协调问题要在团队间对等协商解决，领导最多进行一些协调和仲裁工作，并且前提是争议当事方事先要把问题论证清楚，由高层做选择性裁决。

例如，一个研发团队接到某产品开发的计划，团队并不是立即开发，而是要将这一产品的开发计划进一步细化，详细列出要开发的功能，并逐一对比这些功能是否有团队开发，如果有的话，相关团队有什么意见，是否由其中一方开发，另一方应用，这样可以节约公司投资。协同工作中有什么困难？双方摆出理由请领导决策。这样下来，这个计划就是一个协同作战的方案。在军事战斗中，

第三篇 "无生命"管理体系——企业管理的颠覆式升华

协同作战方案可以高效地利用火力和兵力，以少胜多，同样在企业运营中，协同工作可以大大提高资源利用率，降低成本，增强竞争力。

计划协同是流程型组织中较为独特的一个环节，因为传统计划制订过程中没有或者不是十分重视计划协同，在科层制体制下，协同来自上级，而计划下达的目标和任务中已经包含了协同要求，但是这种协同要求是领导单方面的考虑，可能存在不足之处，而科层制没有办法给予发现和纠正。

计划协同可以给计划工作带来更好的效果，包括以下几个方面。

1. 全面的预见性

由于事前与识别出的相关团队进行了沟通协商，对风险问题和困难的识别更为全面，从而制订的方案包含更多的应对措施，提高了行动成功的把握。

2. 充分的客观性

经过计划协同，计划的落实进一步充分完善，发现了计划下达之处没有预见的问题，对这些问题补充方案后，计划的客观性大大提高。

3. 跨部门的交互性

计划的内容经与相关团队交流，彼此增进了解，在计划制订和执行过程中将配合默契，互动效率高。

4. 计划节奏和质量可控

计划参与各方对输入输出的衔接、时间的把控都有了确认，从而使计划的执行安排更为明确，计划准确度高。

二、协同计划的产生过程

流程型组织上级下达的计划不是命令，而是基层团队的输入，详细的行动及正确性需要团队自己进一步论证。这一机制迫使基层团队明白对于计划及协同问题高层是不会兜底的，协调首先是自己的任务，因此在制订计划的同时要主动与相关部门协同。这种相互协调也是利益之争，例如，研发生产部门总是希望少做一些功能以确保产品质量可控，市场销售总希望多一些产品功能以迎合客户需要，一方让步意味着另一方要付出更多的努力，因此这种协调如同 PK（Penalty Kick，这里形容你死我活式的争论），而 PK 的结果是大家都摆出了道理，最终双方选择妥协或仲裁（此时道理都摆出来了，领导有条件做选择题）。PK 出来的执行计划是一个高质量的方案，参与者充分理解对方的立场，行动目标和要求高度统一，执行简单高效，可做到一次性成功的质量要求。相比之下，传统组织的计划工作在制订过程中没有经历 PK 时的那种痛苦，但他们把痛苦带到了执行中。

从协同计划产生过程的特点看，流程型组织中计划工作较传统科层制组织有以下不同之处。

1. 计划是业务活动，而不是行动命令

很多传统组织以计划代替命令，上传下达地执行。而流程型组织计划是业务活动的一个环节，上级计划只是输入，自己的任务就是把输入变成更详尽可行的计划，以便后续执行，是一种单纯的业务活动。这种工作导向有利于以客户为中心思想的贯彻。

2. 计划是控制的标准，而不是指挥的准则

传统组织中管理者往往依据计划指挥员工的行动，而流程型组织的计划是员工自己 PK 出来的，是自己的行动准则，也是相互监督的标准，有利于员工自觉、高效率、高质量地完成工作任务。

3. 团队间充分理解下的执行力

执行力是企业员工贯彻战略意图、完成预定目标的操作能力。执行力源自于员工的主观能动性，传统组织员工单方面接受指令，理解力和积极性都有一定的限制，而流程型组织让员工自己 PK 行动计划，这个方法让员工之间彼此充分理解需要执行的问题和要求，使他们在工作落实中能够在极短的时间内一次性完成，体现较高的业务执行力。

第四节　经验沉淀与迭代发展

计划的过程中有分析和判断环节，经验的不同会导致计划准确性的不同。经验是人们在同客观事物直接接触的过程中，通过感觉器官获得的关于客观事物的现象和外部联系的认识。经验是在实践中产生的，实践越多，经验越多，因此

第三篇　"无生命"管理体系——企业管理的颠覆式升华

为提高计划准确性，最好让有经验的人参与制订。

但是，每个人总有退出岗位的那一天，总会让新人接班，于是计划制订又进入一个新的经验积累过程，计划准确性在上上下下中波动，周而复始。但是，在流程型组织中，流程可以承载人的经验，而这种承载力可以无限累加，代代相传。我们只要将经验转换为规则，就可以成为流程的一部分，而这部分的经验并不是存在于人的记忆中，随着人的离开而带走，而是可以为继任者学习，甚至永久地变成计算机处理规则而自动执行。

流程承载计划经验可以在流程 KPI 中体现。企业 KPI 管理主要用于员工绩效方面，将工作目标进行分解来达到促进员工效率、提升业绩的目的。但是，面向员工的 KPI 管理不能很好地将经验传递和传承，而在流程中设置 KPI，对工作活动考核效率、周期、投入产出比等指标，就容易形成一种客观的能力，不受员工个人经验影响，并且，这种流程 KPI 可量化，便于发现绩效中存在的问题，加以持续改进，使绩效趋于极致。

流程 KPI 相对于传统的面向员工的 KPI 管理有更长远的优势：① 流程 KPI 是企业整体业务能力的体现，而不是个人能力；② 流程 KPI 可以量化业务数据，在科学分析的基础上持续改进，不受个人的工作周期影响；③ 流程 KPI 代表客户需求，可以牵引员工以客户为中心而工作；④ 员工为提升流程 KPI 所做的努力，本质上可以提高企业长期的业务能力，具有更大的现实意义。

然而，流程 KPI 的建设需要一个过程，开始时期流程 KPI 带来计划工作的准确性往往不如人的直觉判断，这也使许多企业放弃用流程的方法制订计划，宁愿在市场中试错。华为基于流程化的运作机制，不得不在这条路上坚持走下去：尽管开始流程提供的业务预测准确率不高，但失败中获得了数据，在这些数据上就可以分析原因，在得出的原因中逐步解决，每年解决几个问题，这样逐年下来计划准确率就非常高。例如，华为的备货现在可以做 18 个月的预测，保证足够的安全库存，这使得华为在贸易战中面对美国的压制表现出十足的底气。

以华为公司的供应链建设为例，可以领略一下流程 KPI 建设过程及获益。通常企业对供应链的理解，讲的主要是企业内和企业外第一链的管理协同，而华为 ISC（集成供应链）讲的是企业所在产业链上从原材料到终端销售段整条链上企业的协同，更多是一个战略性的链条，而不仅仅是策略采购性质的合作。所以实施 ISC 的关键在于，以产业关联拉通整个链条的信息流动，这需要以一家在消费者前二链或者三链的企业主导推动信息规范和沟通机制的建立、责任与权利的分配与共享，还需要足够的规模来形成凝聚力。这是一个宏大的计划，是从 IBM 那里学来的。

那么，ISC 的关键点在哪里呢？ISC 是以控制牛鞭效应、降低企业链上的供需失调风险为目的的一个理念，通过沟通机制和规范规划，来实现上下游传递的最小计划失真，而这里面，预测到订单的准确度、交付经济性与效率的最大化等组织绩效和能力成为关键的基础。

在启动 ISC 之前，由于华为从预测、计划到生产整条线并没有理顺，使公司当时的及时齐套发货率非常低，只有 20%～30%；存货周转率一年两次，计划和采购之间的矛盾也非常突出：计划质量不高，采购不能满足需求，采购方式也非常单一。启动 ISC 之后，华为整个供应链的流程建设大概有五十多个子流程，这些流程中制定了很多 KPI 指标，包括供应链之外的流程，也提出了要求。例如早在销售方面的一些流程还没有开始，但已经提出了很多销售预测这样的要求，之后也纳入正式流程。

对于销售部门来讲，销售预测也就成了一项能力，这意味着销售业绩不只是越高越好，还得越准越好。销售业绩越高，在销售预测准确率方面扣了分数，相当于白忙了很多业绩。这种考核制度从全公司一盘棋的角度是正确的，迫使销售人员也要认真对待销售数据和分析，他们的工作与生产部门、采购部门紧密相关，使得供需和供货能力之间差距缩小，公司战略可以保持一个正确的航向。

计划来源有两个：一个是预测部分，华为的计划是 18 个月滚动计划，基本每个月要做一次滚动。前 6 个月要准确，这直接指导生产活动，给采购做采购计划；后 12 个月要给到财务。这样整个计划就支撑了整个公司的不同业务，同时也保证了生产物料及生产计划的准确。还有一个就是计划平衡，要将不同的预测声音综合起来判断。

对于"6 个月的计划给物料"的准确率，尽管一开始只有 20%～30%，但在全公司不断努力下，持续进行改进，如建立各流程的信息系统，获取预测数据，再综合订单情况进行调整，客户的需求准确率不断提高，华为目前的准确率甚至能够达到 90% 以上，这是非常了不起的。

第九章 组织职能：阵型胜过盖世武功

天下武功谁最高？其实无论是东邪、西毒、南帝、北丐还是中神通，都斗不过天罡七星北斗阵。华为没有像乔布斯这样的盖世英雄，但依靠一套流程制度，依然让"泥腿子"们做出了和 iPhone 相匹敌的手机，这就是组织的作用。

第一节 组织赢弱，何以安身？

企业管理的组织职能是指将任务确定由谁来完成，以及如何管理和协调这些任务。管理者要根据组织的战略目标和经营目标来设计组织结构、配备人员和整合组织力量，努力提高组织的应变力。组织职能工作的主要内容是：① 工作划分；② 建立部门；③ 依据管理跨度确定指挥层级（相应地也就决定了管理职权、职责的范围）；④ 确定授权关系；⑤ 通过组织运行不断修改和完善组织结构。

一、传统组织的弱势地位

组织职能与另一项管理职能——领导职能也存在类似计划与控制那种此消彼长的矛盾，即"强组织+弱领导"还是"弱组织+强领导"的选择。直观地看，组织和领导两项职责各有定义，互不相同，但事实上对于一个能力很强的领导，很多工作的部署和管理控制都由他完成，在他治下管理跨度大，对组织依赖小，管理层级少；反之，一个能力弱的领导则需要更多的助手，管理层级就要加大。所以，强领导可以导致弱组织，反之亦然。

经典管理学更多的主张"弱组织＋强领导"模式，因为经典管理学鼓励提高一个领导者的管理跨度，能通过领导解决的事尽量通过领导解决。这种理论思想基于经济人和社会人假设，结论是成立的，他们需要一个强势领导，但对于自我实现人假设就容易存在冲突，因为每个人需要保持一定的自由空间，以实现自己的想法。

传统企业几乎一边倒地选择"弱组织＋强领导"模式，但在以客户为中心的流程型组织中就成了障碍。为了实现资源充分地共享，并且为客户服务而驱动工作，流程型组织将指挥权从管理权中剥离，领导拥有管理权却不能指挥业务工作，失去了全面指挥的基础，而且客观上孩子们也整天外出到项目中工作，老式的中国大家庭日子一去不复返，强领导方式已经不可能发挥，唯有增加组织规则以维系组织生态，这也是流程型组织必然以生态组织形式存在的原因。

二、组织职能存在的问题

由此可以看出，组织职能在经典管理学中并没有得到充分研究，能够产生的作用还远远没有发挥，这也导致了组织运行中常常存在一些难以根治的问题。

1. 潜意识下的因"人"设岗

因"人"设岗是组织设计的大忌，因为它根据现有人员的能力水平设立岗位，违背业务实际的本质要求。正常情况下，组织结构设置是先设计了岗位，然后再配置岗位上的人，但实际情况是企业进行组织结构设计和调整的时候，经常会遇到绕不开因人设岗这个限制。为什么呢？理论上讲，如果企业知道自己要做的所有事情，那么只需要把每个事情交代给合适的人去做就可以了。然而通常情况下，组织要做的事情是由管理者定义和表达的，不可能没有一点主观的成分。这个时候企业对组织设计自然就或多或少体现了管理者意志。例如，对于"成本会计"这样一个岗位，通常放在财务部门，而财务部门招聘来的都是会计出身的员工，于是这个岗位的职责就按照"会计"技能来定义。但实际上对"成本"的把握可能采购及生产人员更有实践经验，为什么财务部门就不能引进这样的业务背景人员呢？

2. 摆脱不掉的科层制

现在那些唯上是从的科层制大行其道，虽然有很多弊端，但这也有当下存

第三篇 "无生命"管理体系——企业管理的颠覆式升华

在的合理性，因为这种官僚制度维持了一个严密而行动高效的组织系统，将指挥权依托于管理权，完成从上到下的指挥。

科层制理论建立在马克斯·韦伯的组织社会学基础上。他认为，从纯技术的观点来看，科层制是最符合理性原则、效率最高的。它在精确性、稳定性、纪律性和可靠性方面都优于其他组织模式。科层理论为企业提供了一种高效率的、理性的组织管理模式，保障企业围绕股东利益而经营，因而支持经典管理学的观点。但是，科层制组织对基层运作产生不良影响，例如，它遏制了员工的创造力和自由，因此很多企业发展到一定规模后都会患上"大企业病"，失去发展动力。

3. 组织结构不稳定，变迁缺乏连贯性

我们都知道，组织取决于战略，但是战略执行者不同，就可能带来组织上的不同。例如同样是拔掉敌人指挥部的战略，有的指战员用炮兵，有的指战员觉得那样吃不准能不能真的击毙敌方司令，因此要用特种兵，这样不同的指导思想就会安排不同的组织。

不同的组织可能都能实现目标，有的围绕客户，有的围绕产品，有的围绕职能，但各有利弊。很多人一开始没有看到某种方法的弊端，尝试后发现了，换一种方法，然后又发现第二种方法的弊端，陷入反复的组织调整中。例如，不少企业想摆脱科层制的弊端，选择阿米巴，运行后发现阿米巴也有问题，失去职能部门的作用效率就会有影响，又改回职能制，企业在这种不连续的组织调整中遭受较大的损失。

第二节 组织设计不是拍脑袋

传统组织中组织设计多少会受到管理者主观影响，而在流程型组织中，由于管理工作是群体参与，客观性大大增加，因此更容易保证组织设计因事设岗的原则。由于群体参与管理，他们首先必须对工作的开展达成一致，包括相互衔接和协同的规则，把事情的做法清晰地呈现出来，而不是每个人领取一个任务按自己的想法去做。这是因"事"设岗的前提，在流程型组织中是绕不过去的。

一、流程型组织设计的唯一依据是实践

通常对于一些新的任务,没有经验积累,这时流程型组织并不急于设置明确的部门和岗位,而是采用项目组形式,由现有的相关部门抽调人员组成,形成联合工作组,先蹚一条路出来,再评估这条路的做法是否可行,是否可以固化为一定的流程、方法,最后才对固化的流程配置岗位职责。这是一颗种子从发育到成长的全过程,一路吸收着养分长大,是最为健全的。

传统组织通常自上而下地孵化一个组织,因为某种需要而成立一个部门,然后让其执行某项工作。当然,这种方法也会从实践中打造一支队伍出来,但目标性太强也可能引起拔苗助长效应。华为则凡事从项目入手,这样可以使团队聚焦于做事的过程,从事物的内在规律入手,踏踏实实地逐步发展。

以手机发展为例,目前有很多手机品牌,如小米、VIVO、OPPO以及锤子、格力等,无不在确定手机业务的目标后组织团队大力发展。而华为手机起步并不晚,但相当长一段时间默默无闻,躲在运营商背后做贴牌性开发和生产,没有直接面对大众市场,而是为运营商完成一个又一个项目。在这过程中,华为积累了手机设计的经验,当华为第一款走红手机Mate 7面市时,华为甚至都没有大面积销售的思想准备,备货远远不能满足客户的需求,形成一机难求的状况,以至于公众怀疑华为是在故意搞饥饿营销。这个现象说明,华为与其他厂商大量投入市场宣传的路子不同,靠的是实打实的核心能力。

当然,现在华为在市场宣传上也做得风生水起,这是因为随着时间的推移,华为在消费者领域的营销体系也随着一个一个的项目攻关而建立了起来,当前的能力不是一蹴而就的,一个有实力的组织必须经过这样的发育阶段。

二、参考业界最佳实践

当然,不是所有的实践都是从头开始,一些业界最佳实践也可以用来参考,如标杆企业。华为花了数十亿学费聘请咨询公司指导业务,就是为了尽快吸收世界先进的方法,少走弯路,为我所用。

中国企业界普遍重销售而轻市场,销售部门是必不可少的,市场部门可有可无,销售可以代表市场,因为企业的目的就是把生产的产品卖出去。但倚重销售也带来很大的经营风险,客户关系通过销售这个纽带连接,意味着销售人员可

以随时把客户带去另一家公司。国外企业相对比较成熟，更加重视企业的市场工作（Marketing），把品牌、产品核心、客户培育等工作攥在自己手中，使企业更加稳定地发展。这些先进企业的经验总结到流程中，形成了研发到市场、市场到线索、线索到订单、订单到回款的一系列标准流程，这些就是华为流程建设的根本参考。

需要说明的是，参考标杆企业的组织结构时需要考量其背后的价值链和流程设计，光是照猫画虎地学习别人的组织结构，并不能掌握其作用机理，不是真正因自己的事，设自己的岗。

三、基于流程实践的组织设计及其意义

流程型组织在组织设计方面是以流程规则为基础，从企业实际出发，避免管理者人为因素造成的主观性，更好地保障业务发展。其好处有以下几点。

（1）有的放矢，避免虚设机构和岗位，保持机构稳定性。主观地、随意地设置组织机构是对企业资源的浪费。很多企业组织变动频繁，就是因为组织设计时没有充分的实践经验为支撑，行动中才发现疏漏和不足，反复调整而牺牲了执行效率。流程型组织遵循流程运作的原则，先实践再固化，这是正确和有效的组织设计方式。

（2）遵循因事设岗原则，培养组织能力，减少依赖英雄式人物现象。流程型组织以规则为基础，可以真正地落实因"事"设岗，避免因"人"设岗，这对于企业来说，可以避免对权力的追逐。如果在因"人"设岗的环境下，人的因素在企业资源中会产生较大的影响，削弱组织能力作用的发挥和培育。

（3）保障业务顺利开展，并有利于形成遵从流程的企业文化。将组织设计与流程挂钩，这是正确的组织设计原则。如果将组织设计凌驾于流程之上，必然削弱流程在企业中的作用，造成部门墙的阻隔。一个以流程为上的企业必然培养起流程文化，这是企业能够不断做大做强的基础。

第三节 矩阵化管理，科层制的权力被瓦解了

科层制在一定规模的企业中有高效行政的功能，但随着企业的扩大，科层

制在运作过程中的弊病会逐渐显现出来,如员工缺乏热忱的工作态度、严格的权威程序结构干扰和妨害了组织信息的沟通和有效传递,以及形式主义盛行等。

尽管科层制的管理体制还比较盛行,因为它简单高效,而市场竞争迫使企业以追求效率为首要任务,然而与之相左的管理机制并非没有,如拿着另一半虎符的钦差大臣就可以与科层制体系中的官僚分庭抗礼,那么,为什么企业界没有选择这种"钦差大臣"模式呢?因为企业毕竟没有国家治理那样庞大,在企业患上"大企业病"时,很多企业选择分拆的方式去除臃肿,这种手术可以快速见效。能够像郭士纳那样突破企业管理瓶颈,追求更大的资源集约化效应的企业家是少数,因为这意味着企业要经历一场变革,而变革的痛苦可能很多人挨不过去,因此风险巨大。

IBM和华为的流程型组织实现了这种"钦差大臣"管理模式,并且是一种常态化而非临时性的"钦差大臣",这就是职能部门。通过"长臂管辖"原则,职能部门可以穿透科层制的壁垒,运用指挥权调动基层资源。科层体系仍然发挥行政上的管理权,保障企业的资源的约束和管理。这种管理权与指挥权分离的双向矩阵型管理机制必然比科层制复杂,但也正因为能够驾驭这种机制,华为才可能走得更远。

管理权与指挥权的双向指挥机制取代科层制,其意义在于以下几个方面。

一、真正实现以客户为中心的目标

什么是以客户为中心?这句话说起来容易,但做起来难。谁都知道,客户是企业的衣食父母,所以以客户为中心是每一家企业的基本准则。但是科层制体制下员工的指挥权均来自于上级,除了明文规定,员工并没有权利和义务听从客户的需求,员工自主的行动均是未授权的行为,不代表公司意志,这样的体制是无法真正贯彻以客户为中心的。

有人把科层制的弊端归结于部门墙问题,于是采取拆墙行动,凡事皆以跨部门的小组行事,以实现以客户为中心。但实际上这种形式仍然没有将管理权与指挥权分开,其结果是形成另一道部门墙——项目与项目之间的隔阂,这种隔阂牺牲的是企业资源的利用效率。

真正的以客户为中心需要将企业的管理权与指挥权分开运用,用指挥权动员资源为客户服务，同时用管理权提高资源效率，因为只有资源效率最大化，才能降低成本，真正地服务于客户。

二、充分调动员工积极性

流程型组织将指挥权剥离，在业务中运用指挥权，使员工获得自我实现的机会。基于自我实现的组织形式使组织向最高阶段发展，因为自我实现作为马斯洛需求层次理论的最高层需求，在组织中有着极其特殊的作用。通常人对需求的满足都是按照马斯洛的层次由低向上地满足，首先确保最低生活保障，最后再去追求人生价值。但是有少数违背常规的人，他们把理想、主义看得比什么都重要，为此可以牺牲一切，如为了国家利益牺牲自己生命的烈士们，他们的精神对国家和民族的凝聚力产生巨大的作用。一家企业也需要有这样的人，带领振奋其他成员的精神面貌，使得组织充满激情和活力。

华为全力打造的核心价值观是"以客户为中心，以奋斗者为本，长期坚持艰苦奋斗"，三十多年坚持不让雷锋吃亏，这是华为蓬勃发展的基础。很难想象，如果华为在管理权与指挥权合一的科层制体系中，领导一人独大，还能够激发那么多积极向上的员工，保持一种嗷嗷叫的战斗激情吗？

三、实现扁平化管理

扁平化管理是现代企业追求的管理思想，目的在于减少管理层级、提升管理效率，尽量让最高管理层直管全局。很多扁平化管理的方法都是冲着科层制的弊端去的，但这些方法并没真正解决扁平化问题，只是科层现象的一种转移，例如有些组织用项目组临时性地摆脱科层制约束，但项目一旦结束仍然是要回到科层制体系中。如果存在大量的项目在运作，那么项目管理部门可能成为另一个竖起来的科层组织。

流程型组织并非要取代科层制，因为科层制作为企业的基本骨架是有必要的，通过科层制的行政执行力管理资源是一种有效的方法。科层制的层次取决于一定时期技术条件下的管理者管理跨度，没有技术上质的飞跃，这个跨度很难被人为增加。但是流程型组织将业务指挥权剥离出来，可以使部门领导更专注于资源管理，这可以使管理者获得更多的精力专注于行政管理，因而管理跨度可以增加,从而一定程度上压缩组织的层级。

四、持续扩大企业规模

双向权力的矩阵化运作带来的直接结果是企业可以突破"大企业病"这个"音障",使得企业在一个新的水平上继续发展。面对音障最简单的方法是减速,这要比突破音障容易得多。西方企业遇到"大企业病"较多采用分拆的方法,这样比较容易快速见效,但不是提高资源利用率的最佳方式。他们这样选择是因为企业大多受资本控制,而资本更多地追逐短期利益。只有像华为这样不受资本控制的企业,才敢于做这种突破音障的战略性举措,这才见证了流程型组织的成功。

第四节 既要部门墙,也要跨部门协作

部门墙是企业内部为了各自的利益,防止超过边界的工作对本部门伤害而形成的一种从意识到行动的无形的"墙"。部门之墙即部门本位主义,在企业中的具体体现是各部门形成了一个个的独立系统,部门之间画地为牢,部门利益高于企业利益,久而久之,进一步造成员工之间缺乏交流、互不信任、思想不能及时跟上公司的发展步伐,导致工作效率低下、推卸责任。

对于部门墙问题,最容易想到的方法是"拆墙",打破部门边界而成立项目组,以项目组为运作单位,但这种简单粗暴的方法只会走向另一个极端。墙还是要的,正如一套房屋需要隔出卧室、厨房等不同功能的房间,如果需要一个跨部门沟通的环境,留出一个客厅即可,没有必要把墙打穿。

以阿米巴模式为例看一下拆墙的结果。阿米巴模式追求企业做小做活,这种方法使企业按小团队运作,各团队也如同市场运作一样进行会计核算,让每一位员工都能成为主角,主动参与经营,进而实现"全员参与经营"。

这是一种推倒部门墙的做法,因为每个团队"麻雀虽小,五脏俱全",即使存在职能部门,也是与各团队进行交易,"两情相悦"式地共存,没有指挥关系。其实这种思想很难落地,因为它追求团队间要"亲兄弟,明算账",会带来一系列新问题:① 团队界限要划分得很清楚,这无疑是另一道墙;② 由于界限分明,

团队间资源不能共享；③即使建立了明确的内部结算规则，不同团队的差异性会导致企业整体的财务报告更加困难。

阿米巴模式在稻盛和夫治下虽然有成功的企业，但要看到他在运用这个模式时也需要大量运用哲学和思想教育来解决团队的协同问题，希望在内部结算上做到极致是非常困难的。另外，阿米巴的"做小做活"经营思想并不能提高资源利用率，这与流程型组织是两个完全不同方向的追求。

需要说明的是，这里并非说阿米巴模式不是好的经营模式，任何一种方法都有其适用领域，关键是在驾驭这个方法需要自身不断地探索积累。稻盛和夫一生致力于这种模式，自然掌握了很多好的经验方法，任正非认准IBM的方法，几十年持续学习和发展才有华为今天的成功。这些成功的方法是不同的，但失败的方法都有一个共同的特点——浅尝即止。

流程型组织认为职能是专业化分工的结果，因此职能是效率的体现，这是大方向，不应当被否定。至于端到端流程被职能隔断现象，其问题出在组织与流程的关系上，是组织凌驾于流程之上的结果，所以需要从组织权力中拿出指挥权交给流程，这样就可以使组织与流程重回平衡。

可能有人会有这样的问题：指挥权不是应该交给业务部门吗？怎么交给职能部门？这样岂不是让听不见炮火的人指挥战斗？其实，这仍然是传统组织的思维习惯。流程型组织中，流程就是业务，因此任何一个管理职能的部门也是业务部门，只不过有的业务部门对外，如销售战线的（包括产品战线的也是，他们生产武器，也是直接在战斗），有的对内，如财务、人力资源，他们也为公司创造价值，也是一项业务活动。既然流程就是业务，所以每一名业务员也就是流程中的一员，既有管理权，又有指挥权，只不过从不同角度去看。例如一名销售管理人员，平时他管理属下销售人员时，行使的是职能管理，当他及下属办理具体业务时，行使的是业务指挥，只不过从"销售"这个专业上集于一身。虽然集于一身，但事情仍然是两件事，施用的方向不同，一个纵向于本部门，一个横向到跨部门。

流程型组织在流程建设中，不仅不拆墙，反而要强化职能的作用。如果某个职能部门成员在项目运作中放弃本部门原则，例如，财务人员为促成项目尽快完成而放松了风险监管原则，那么将被认为没有履行职能职责。职能部门的管理权居绝对地位，可以否定该员工的业绩。这样一来，项目组必须尊重所有涉及的职能需求，努力寻求最佳的解决方案。

任正非在2009年的《开放、妥协与灰度》讲话中说："坚持正确的方向，与妥协并不矛盾，相反妥协是对坚定不移方向的坚持。方向是不可以妥协的，原则也是不可妥协的。但是，实现目标过程中的一切都可以妥协，只要它有利于目标的实现。"因此，在流程建设过程中，各部门通过妥协而达成一致的、可执行的流程，但要在坚持职能原则的立场上，最终实现共同的目标。

由此可以看出，流程型组织的跨部门协作比起简单粗暴的拆墙方式要困难得多，但也正是因为克服困难而获得的解决方案才是真正有发展意义的方案，是建立在专业化职能要求上的向上发展，这是流程型组织先进性的体现。

第十章 领导职能：不是当好火车头

领导是在一定条件下，指引和影响个人或组织，实现某种目标的行动过程。"领"是头脑（也为颈项，指项上）发出的指令，"导"在古文字中是"首"+"足"+"寸"，即从头到脚一寸一寸地传递。这是对于一个人这种机体而言的，但是流程型组织中的每个人都是经营者，他们构成的团队有很多个项上人头，那么他们之间的"令"就是相互传递。这是一种力量的叠加，可以成为跑得更快的动车组列车。

第一节 火车头跑不过动车组

管理的领导职能是指管理者对组织内成员的行为进行引导和施加影响的活动过程，其目的在于使个体和群体能够自觉自愿而有信心地为实现组织既定目标而努力。领导职能强调某一个职位上的人的能力，正所谓在其位，则专其能。在某一领导岗位上，拥有驾驭这个岗位的能力以及能够很好地执行相应的权责，对于一个领导的个人能力以及其所领导的团队都有相当重要的意义，领导职能是实现管理效率和效果的灵魂，是管理过程的核心环节。

经典管理学主要从管理者和员工的心理以及行为角度去研究领导的艺术，例如，领导特质理论、领导行为理论、管理方格论、权变理论、归因理论、变革型理论等。这些围绕领导者能力而总结的理论使得领导者的管理方法日趋成熟，但是在"强领导+弱组织"模式下，以个人智慧与集体智慧相比较仍然在全面性、跨度和效果上存在差距，所以不免会遇到一些问题。

一、管理者意志不一定能代表客户需求

不同类型的领导中,无论是集权型还是民主集中型,最终都会以领导意志或者领导赞成的观点为决策结论。虽然也有放任型领导,但实践证明这是最不好的方式,会使组织矛盾百出,效率最低。由于组织决策以管理者意志为主导,难免助长成员的服从心理,即那些和领导观点一致的人占优势,于是长此以往,组织会形成揣测、迎合领导的心理,并不会把以客户为中心放在第一位。

虽然客户利益是企业一把手所追求的,但到了中层管理层就会不自觉地站在各自的立场上了。例如,财务经理为保财务安全往往以保守的态度指挥财务部门,销售部门为了追求销量而随意应允客户的要求,生产部门为完成产量而降低质量要求,这些本位主义的指挥系统分散了企业的合力。因此,仅从心理和行为上提高指挥能力,而没有建立一套机制来拉通客户需求,是难以真正实现以客户为中心的宗旨的。

二、管理者成为企业的瓶颈

管理瓶颈是指管理活动中卡脖子的地方,就是在企业的管理系统中制约、限制管理系统运行的关键环节。管理瓶颈可以因各种生产要素引起,但管理者是最特殊的。因为一般要素成为瓶颈(如原材料、产能等),立刻便成为明确的治理对象,企业就会集中精力调整资源配置而推动解决;但管理者自身成为瓶颈的话,调整资源配置的方法则较为有限,主要通过增加助手辅助管理,但这也带来了管理层次、沟通协调等一系列问题。

管理者成为瓶颈的表现有:① 下属越来越多,对新下属缺乏了解,难以因才择人和用人;② 领导者工作跨度大,从技术技能、战略发展到思想教育都是领导者应当管理的范围,按理不同层级的领导应当侧重于不同性质的工作,高层重概念而基层重操作,但实际上很多管理者是从基层升级上来的,并不能把握好角色转换;③ 因为各种汇报关系,管理者成为信息最集中的人,因此大事小事都是最佳的处理人选;④ 精力有限,待处理事务超过了个人的承载能力。

经典管理学从上下级关系入手,研究通过提高管理效率来扩大管理跨度,以解决瓶颈问题,如变量依据法通过研究影响中层管理人员管理跨度的六个关键

第三篇 "无生命"管理体系——企业管理的颠覆式升华

变量（职能的相似性、地区的相似性、职能的复杂性、指导与控制的工作量、协调的工作量和计划的量），把这些变量按困难程度分级，并加权修正，从而计算出管理者管辖人数的标准值。但这些方法都是局部优化，近些年的研究表明，企业应当使员工自己掌握好工作方向，知道与其他工作的关联，遇到难题时能求助于同事，那么，管理瓶颈问题就可以提高到一个新的数量级。

三、决策质量和效果不能预期

决策是管理者指挥工作中最关键的一项活动。决策是基于各种信息输入和时机等条件的基础上，根据管理者的知识、经验而做出的实现目标的行动方案。如果管理者能够理解、判断的信息足够多，知识经验足够多，那么做出的决策一定是最好的，但这是理想状态。每一个人都有其局限性，因此个人做出的判断无论如何都存在不确定性。

提高决策质量的方法是群体决策，因为与个体决策相比，群体决策有利于集中不同领域专家的智慧，汇集更多的知识和经验，提高决策成功的可能性。但是，群体决策的速度、效率可能低下，民主的方式如果处理不当，就可能陷入盲目讨论的误区之中而不得解脱，因此在实际应用中群体决策很难被广泛运用。

决策是管理的心脏，管理是由一系列决策组成的，因此，在某种程度上，管理就是决策，决策就是管理者工作的本质。决策质量是领导能力的集中体现，经常性的决策错误可以使团队彻底否定领导的能力，影响着组织的生死存亡。

传统管理学的研究是如何加强领导能力，让火车头增加动力，但现代火车头拖着众多的车厢，无论如何也跑不过动车组。新型的组织关系是：领导可以把握方向，但动力来自于组织自身。

第二节 去中心化的群体决策

决策是领导的重要工作，它决定了下一步行动的最后的、唯一的方案，不能有第二种选择，因此它几乎就是领导者的专利。如果领导的决策都会受到挑战，整个组织的行动将茫然无措，所以决策也是权力的象征。

一、流程型组织决策特征之一：群体决策

群体决策（Group Processes）是决策科学中一门具有悠久研究历史和现代应用价值的学科。它研究如何将一群个体中每一成员对某类事物的偏好汇集成群体偏好，以使该群体对此类事物中的所有事物做出优劣排序或从中选优。作为一种抉择的手段，群体决策是处理重大定性决策问题的有力工具。群体决策考虑问题全面，群体接受度高，执行效果好，但在传统组织的运行中存在明显的缺点：① 决策速度、效率可能低下，浪费时间，限制了管理人员在必要时做出快速反应的能力；② 创新性想法因理解人少而被放弃，滥竽充数者容易混在其间。

在流程型组织中，业务指挥权交给项目经理，但项目经理指挥中必须尊重管理权对职能的要求，找出最佳解决方案。这个过程不会很简单，有的时候新问题的确与既有职能要求冲突，需要申请仲裁，而这种仲裁不是单个职能部门能够决定的，需要更高的管理者组织协调，即管理团队通过委员会的形式开展，因此流程型组织中业务决策通常是集体决策，并且常态化。

那么，流程型组织是如何克服群体决策的效率问题的呢？很多企业把个人决策与群体决策视为相同的决策程序，只是把决策主体由个体换为一个集体，而这个集体是一个吵吵嚷嚷的集体，自然效率就低。因此，问题的症结在于不仅仅是主体的变换，更主要的是决策程序也要发生变化。

传统组织的决策是自上而下的。像决策这样关键的活动是领导者的专职工作，怎么能交给下面人呢？必须上面定下来，向下传递，下级可以在细节上再细化。但是领导换成集体，就不能这样！集体的领导按照常规流程，从收集大量信息开始，分析问题，研究方案，比较确定方案，这一路下来，领导们其他的事也别干了。

集体领导应该像一个审判机构一样工作，申诉人、辩方人都事前准备好材料，评审会议上把来龙去脉一报告，领导们集体简单讨论后便可以立即得出结论，这样就能得到高效率。所以集体决策的前提是决策的机制和程序要改过来，这样效率问题就不难解决。

群体决策机制很多工作的重心不在高层，而在于基层，信息收集和备选方案的制订均由各个基层团队完成。为了提高评审决策会的效率，通常给每一个团

队阐述的时间很短，领导们要在极短的时间内领会内容并做出决策，为此每个团队要做充分的准备，这实际上成了华为加班多的主要原因。

二、流程型组织决策特征之二：去中心化

华为的群体决策是自下而上的，并且呈现去中心化的特征。所谓去中心化，并不是无中心化，而是多个业务的中心化，例如，研发有IPMT（集成组合管理团队），是研发体系决定产品开发的一个决策机构，但并不意味着这是一个研发组织的专门委员会，而是相关的市场、财经、采购、供应链均在其中，而SDT（销售决策团队）也同样会召集各方面成员，专门面向销售业务问题的决策。

去中心化的流程型组织呈现出以下几种独特的组织特性。

1. 真正的扁平化组织

扁平化管理是现代企业追求的一种新型管理模式，目的在于减少管理层级，提升管理效率，在企业规模扩大下保持掌控力。传统科层制企业管理模式一般呈现层级较多，效率相对较低的金字塔结构，而经典管理学解决扁平式管理的思路是：① 减少管理层级；② 上级层级能映射更大面积的下级，从而提高管理效率；③ 特殊的下级职能会被越级关注（直管模式或网络结构）。

这种思路只是有限的层级压缩，并没有改变组织之间通过上级的连接关系。而流程型组织的去中心化才能达到扁平化的最大化结果：团队之间可以直接连接。需要说明的是，扁平化组织并非强调形式上的扁平，一定要压缩到多少层就能提高组织效率。流程型组织并没有要去掉科层制，而是改变科层制的指挥权问题，让横向业务流畅起来，这是效率问题的根本所在。陷入片面追求形式上的管理层次并不能维持多久，强制压缩下去的层级不久后就会反弹。

2. 信息资源的充分共享

扁平化的组织运作，即团队间去中心化的协作，使得团队之间的信息和资源共享模式发生变化。传统组织中领导是中心枢纽，信息的掌握领导是最全面的，资源的调动领导是最有力的，但这一切在流程型组织中发生变化，团队间的信息和资源是直接交换，这实际上缩短了彼此之间的沟通渠道，不仅充分自由，而且效率更高。

3. 更全面的客户满意度

去中心化更准确的理解是多中心化，这意味着流程型组织的工作可以由更多的客户来触发，而不是少数领导。这使组织机体更能适应外界的变化和需求，做出敏捷的反应。领导不再可能成为这个组织的瓶颈，并且以客户为中心更能保障企业的发展方向和决策质量。

另外，以客户为中心不仅仅是以外部客户为目标，内部部门之间也是客户，内部需求的解决本质上提高了组织的各项能力，例如，财务部门提高账务处理效率是为各部门提供了更好的财务服务，而为了获得这样优质的服务，各部门也要提供翔实的数据。当内部问题也有如此的推动力时，整个企业就会健康稳步地发展。

第三节　园丁式领导与管理

流程型组织自下而上的去中心化运作，使得领导职能从传统组织倾向的"强领导+弱组织"向"弱领导+强组织"转变。这里的"弱领导"并非指领导的能力弱，而是指对员工的指挥和控制可以放松一些，由组织机制更多的发挥作用。

经典管理学中有一个著名的情境管理理论，由行为学家保罗·赫塞（Paul Hersey）和肯尼思·布兰查德（Kenneth Blanchard）提出。赫塞和布兰查德在俄亥俄州立大学心理学家卡曼（A.Karman）于1966年提出的领导生命周期理论的基础上，吸取了阿吉里斯（Argyris）的成熟—不成熟理论，于1976年形成了一个重视下属成熟度的权变理论即情境管理理论。赫塞和布兰查德认为，领导者的领导方式，应同下属员工的成熟程度相适应，在下属员工渐趋成熟时，领导者依据下属的成熟水平选择正确的领导风格，这样就容易取得成功。

情境管理理论把员工的工作行为按成熟的水平分为四个等级：①"热情"的初始者。他们工作热情高，但经验不足，工作能力偏低。②"梦醒"的工作者。他们经过一段时间，对环境开始有所认识，逐步适应，工作能力也有所提高，但当初"三把火"的工作热情亦已降温。③"勉强"的贡献者。已积累相当经验时，工作能力比一般水准要高，但对环境习以为常，工作意愿时好时坏。④"成熟"的表现者。认识到工作与自身的价值，工作态度积极、热情，工作能力增强，经验丰富，能够竭尽全力工作。

情境管理理论认为领导应该适应这种员工情境的存在，采取不同的领导行为方式，以达到最佳的效果。具体地说，对于这四种情境，管理者应当采用指挥式、教练式、支持式和授权式，在工作行为和关系行为两个维度调整领导风格。这四种领导风格实际上也是从强领导到弱领导的过程。

流程型组织从一开始就追求"成熟"的表现者，这是基于员工的自我实现需求为基础的。组织要让员工有足够的能力、意愿和信心，使得领导基本上可以放手，无为而治。在工作实践中，这样的员工具有的知识和技能可能远胜过领导者，他们不需要什么指导或指令，并且他们有信心并主动地完成工作，也不需要过多的鼓励与沟通。领导者对他们要做的，主要是对其工作结果进行合适的评价。做到这一点就能使领导处于弱领导状态，而与此同时，组织的作用得到增强。

流程型组织的领导方法不是适应不同的员工情境，而是服务和打造一个培育和支持员工的生态，让他们保持最佳的工作状态。领导和员工的关系可以不是直接的，不一定非要在工作和行为上发生直接密切的关系，而是给予成长、工作的土壤和养分，是园丁和花苗的关系。

作为园丁式领导，管理者的目标从员工转向了组织，需要定期对组织"修枝剪叶"，包括人才培育、组织优化和业务风险防范。

1. 人才培育

人才培养指对人才进行教育、培训的过程。被选拔的人才一般都需经过培养训练，才能成为各种职业和岗位要求的专门人才。通常企业都比较认可"师傅领进门，修行在个人"的观点，师傅把知识和技能教给了徒弟，但这只是第一步，徒弟要想学得好，学得扎实，还需要自己努力，下苦功多练习。这种想法往往会把人才培育的责任推给教育部门，但实际上教育体系和企业环境还是有相当的差异，一个新人从陌生到成熟，对企业需要一个适应过程，所以情境管理理论的进阶过程不可避免。

但这样的一步一步成熟过程对资源利用来讲并不是最好的，不能迅速发挥人的应有能力。流程型组织需要人才尽快成熟，尽快发挥作用，那就不能等新人慢慢跑上来，而是像接力棒交接期那样有个助跑过程。华为的导师制正是出于这个目的。

什么是导师制呢？领导和老员工不仅要将企业文化、价值观传递给新员工，还要担负起员工成长的责任，帮助新人解决工作和思想上遇到的问题。"导师制"先在研发部门试行，结果非常成功，任正非将该制度进一步推广到整个公司，随后演变成对老员工晋升的一项考核要求。员工必须当过"导师"，才能被提拔，获得晋升。也正是因为导师制的巨大作用，让很多员工把华为当成了家，持续地创造业绩，这也是华为能迅速壮大的原因之一。

任正非表示，在这个时代想挣钱，单单靠体力，靠一天熬八个小时打工，是非常困难的，一定要靠思维方式的改变！所以，任正非创立的导师制造就了华为的园丁式领导，最大限度地发挥员工的工作积极性，为企业创造了巨大的经济价值和社会效益。

2. 组织优化

园丁是花园的管理者，必须具备一定的专业知识，知道什么植物适合什么土壤，并且对长势不好的枝节进行修剪，对应于企业家，就是要对企业有合理的架构设计和组织优化的能力。花苗怎么长有它自己的规律，园丁的任务就是维持一个环境，流程型组织管理者的任务就是不断建立和优化组织规则。

流程型组织的部门领导对内不再拥有业务指挥权，这不是剥夺他的权力，而是让他更聚焦于部门资源能力的提升，让其所管理的资源有价值、受欢迎。为此，部门领导要有自己部门能力发展的战略规划，时刻捕捉短板问题，加以改进，达到能力提升的目的。没有这样的能力，部门资源的价值将逐渐丧失，自己和部门将从公司的战斗序列中删除。

3. 业务风险防范

园丁还有一项十分重要的意义是防止各种灾害对生态的侵害，无论是外界的风雨雷电，还是内部的病虫侵扰，稍有疏忽可能对花苗造成严重的损害。企业经营风险难免，但积极预防还是听之任之对企业的生命力影响很大，很多百年企业也会因为一个小小的失误而垮掉。

流程型组织的管理权与指挥权分离，但并不是说各部门领导对业务就完全放任不管，关键的节点（KCP，关键控制点）还是要强制评审，通过集体决策的方式决定项目是否可以继续进行，不适合的项目及时停止，避免更大的损失。

第四节 确定型决策让组织变"聪明"

一、一言堂的危害

一言堂,旧时商店表示不二价的匾,现比喻领导缺乏民主作风,独断专行,一个人说了算的家长制作风。不可否认,一言堂式的管理有时候会带来一些实际的利益,如办事雷厉风行、说话一言九鼎等,但带来的危害与弊端更大,因为这表明领导意志高于组织意志,当然也就高于流程和做事的原则,给企业带来了不确定性。

早期任正非也因为一言堂式的决策失误导致公司遭受重大挫折,在痛定思痛后,任正非选择了轮值CEO制度和决策流程,避免"公司某一个人有绝对权威,随意任命干部"。为此,华为设立了三位轮值董事长,每个人要做重要决策,都必须征求其他两个人的看法和支持。三位达成一致,接下来要经过常务董事会讨论,大家举手表决,少数服从多数;之后,如果通过,那就提交董事会表决,也是少数服从多数。

这样的机制"制约了最高权力,维护了公司干部体系的团结,避免了个别领导不喜欢的干部在公司受到排斥"。这个机制被称为"王"在法下,最高领袖要遵守规则制度;"王"在集体领导中,不能一言堂。

任正非说,华为从上至下的行动之所以非常一致,是因为在华为"立法权高于行政权"。"立法权"指的是建立规则;"行政权"指的是规则具体执行情况。在华为,建立规则时,广泛征求意见,但是制度形成后,就必须被执行,不执行就要被免职,这样就避免了"县官不如现管"的情况出现。

关于外界对华为决策的感受,一个是慢,一项业务可能别的企业开始行动,华为还在研究,但是接下来第二个感受是一旦发力,非常迅猛,执行力强,行动高效,一步到位,这就是决策质量高的表现。群体决策有更多人参与讨论,风险问题被一一识别并制定应对措施,这样就把个人的不确定决策变为集体相对确定的决策。

二、确定型决策让组织更"聪明"

决策是为达到一定的目标,从几个可行方案中选择一个合理方案的分析判断过程。决策质量的判断源于决策的效果,有效决策是使其目标受益者达到满意状态的决策。一次失败的决策造成时间和资源的浪费，有时甚至是致命而不可逆的，因此决策质量至关重要。

经典管理学中关于决策的理论称之为"决策论"，是研究为了达到预期目的，从多个可供选择的方案中如何选取最好或满意方案的学科，是运筹学的一个分支。决策论起源于统计决策理论，与统计学和经济学的发展有密切关系。这种理论的出发点是把人视为绝对理性的人，他在决策时，遵循的是效用最大化的原则。如考虑企业经营方式时，要求人，财、物的消耗是最小的，所取得的产量、产值和实现的利润要求是最大的。

但早期决策论的假设太过理想，因为世间万物千变万化，不可能事事得到最佳方案后再行动。现代决策理论综合了行为科学、心理学、经济学，以及军事科学等有关学科交叉发展，因此其重心由定量方法转向定性方法的研究。这种理论的核心是用"令人满意的准则"代替了最大效用原则。所谓令人满意的行为准则，就是在决策时，先确定一套切合实际需要的标准，如果某一方案满足了这个标准，并能达到预定目标，就可以说这个方案是令人满意的，可以确定采用这个方案。"令人满意的准则"比"最大效用"更有可操作性，但也增加了主观性，因为按照令人满意的行为准则进行决策时，在原定标准的前提下，找不到令人满意的方案时，可以对原标准进行必要的修订，然后再选出令人满意的方案。

经典管理学决策论的发展离不开"人"这个决策活动的主体，决策的核心是一种抉择活动。但实际上细分决策的类型后，我们发现决策也有确定和非确定之分，对于一个重复的场景，完全可以运用一个过往的方案，这样"抉择"这个活动变成瞬间即可完成的事情，此时活动变成了一条规则。

流程型组织以规则为基础，不断丰富和完善，这意味着决策会非常有效率。诚然，现实中回避不了非确定型决策场景，但随着组织中流程规则的越来越多，确定型决策的比例会越来越高。例如小额、格式的合同可以放宽审批权，再进一步随着信用记录的佐证，限额可能放得越来越宽。

流程型组织中规则的积累会越来越多，不会因决策人的更替而反复，因此可以随着时间的推移而越来越"聪明"。更重要的是，规则可以通过计算机系统存储和运用，采集决策中的数据，这就是人工智能的基础。可以相信，未来人工智能必将走进企业管理领域，"无生命"的管理体系将进一步升华。

第十一章 控制职能:后队变前队

控制这一管理职能排在最后,所以很多企业把它看成是扫尾工作,只是帮助检查计划执行的情况。但是按照 P-D-C-A(计划、执行、检查、处理)法则,控制是下一个循环的开始,是有很多文章可以做的,例如,华为在这个环节开展了自我批判,并形成永远向上的文化。因此,在流程型组织中,控制职能呈现出另一番特色。

第一节 事后难为诸葛亮

控制职能是管理者要对组织的运行状况加以监督,通过控制可发现当初的计划与实际的偏差,采取有利的行动纠正偏差,保证计划的实行,确保原来的目标得以实现。管理控制的任务是通过建立多层次的目标系统,检查目标的落实情况,对发现的问题进行分析,查明原因并进行纠正,及时制止进一步的损失,并找出改进方法以避免错误再次发生,实现资源的持续优化配置。

由于在"计划控制陷阱"中很多企业因为计划的困难和不确定性,选择了"弱计划+强控制"模式,依据个人经验进行现场控制,灵活应变。不过,这种方式仍然难以做到真正的"强控制",这是因为:① 控制要有明确的执行标准,如数量、定额、指标、规章制度、政策等,如果不明确,仅凭经验和感觉,那最多只能做成一个小作坊式的企业,因为管理者的经验无法复制。麦当劳的菜谱里永远都有明确的用料配比,而不是"加少许盐"这样的描述。② 控制工作要及时获得发生偏差的信息,而这些信息任凭经验如何丰富,随时的、无规律的准备是不能满足需求的,例如报表、简报的准备需要时间,况且有些原始记录丢失就根本无法提供控制信息。③ 纠正偏差的措施按照管理者个人的经验和意愿,员工通过心领神会进行配合执行,有效性大打折扣。

企业的航行需要一名好的舵手。舵手不是简简单单地记住目标方向后把握方向盘就行,一名好的舵手在驾驶船时首先是要时刻留意水流、风向、天气,以及潮汐旱涝时水位的变化,还要注意过往船只及掀起的波浪对航行带来的影响,防患于未然。因此,控制不能单单立足于事后,更要事前和事中的全面控制,预防才是最好的控制。

传统组织中控制工作存在以下几个问题。

一、以部门为单位设置控制目标,而不是跨部门综合控制

企业的工作通过不同的部门分工完成,"各司其职,各尽其责"是一条公认的基本原则,控制是对自己的职责和工作负责。每个人把自己的工作做好了,整个任务也就做好了;自己的任务都没做好,哪有资格去管别人的事?

但事实却是每个人做好自己的工作,并不一定整件事情就做得好;每个人的工作都有可能与别人的工作相关,不去管别人会连累自己的工作也做不好。例如,生产螺丝钉和生产螺丝帽的产品质量和周期都没问题,但两个车间的排产计划不协调可能导致满足不了客户的交付要求。在他们看来排产更主要依据原材料准备、生产经济性等原则为优先,并没有考虑客户需求的迫切性,这就导致了两边都在努力工作,但仍然获得不了客户的满意。又如,每个人负责把自己所在环节的工作做好,对于上游输出的工作瑕疵不闻不问,那么看似完成了任务,但实际上工作次品也从自己手中默默流过。现实的工作往往很难都是100%的标准化要求,不可能所有细节都有明文规定来控制,所以控制的目标并不都在部门内部,很多存在于项目章程、交易合同等形式中,这些需要综合性地进行管理控制。

二、被动执行管理控制

很多企业把管理控制工作看作是一种扫尾工作,因为它处在一项工作的末端,形同一个质量检验员,因此在人员安排、资源投入、效果关注方面都是放在最末位的。其实,管理控制能发现组织潜在的致命问题,解决组织集体的健康隐

患。企业想要持续发展，是否重视管理控制及改进是关键，否则难逃一锤子买卖的命运。

华为的自我批判文化可以见证一个主动进行管理控制的企业是如何走向成功的。华为从小发展到大，员工从幼稚走向成熟，这一路上犯过许多错误。要想生存下去，必须不断地进行自我批判，不断地改进。任正非曾经总结："自我批判，成就了华为。"自我批判，不是自卑，而是自信。只有强者才会自我批判，而也只有自我批判，才能成为强者。

三、管理控制成本高，增值效用不明显

管理控制工作是典型的"吃苦不讨好"的事情。控制工作没有计划制订那种成就感，而所做的工作一点都不比把事情从头做一遍轻松，所以明眼一看是投入产出倒挂的工作。这的确难以吸引管理者兴趣，投入足够的精力来做好控制工作，很多企业将控制工作交给低层级管理者及员工来进行管理。

其实在 P-D-C-A 的循环中，控制工作引领改进，而改进影响下一个计划。没有控制和改进，下一个计划也是能进行的，但不是迭代的发展，不是能力提升的发展，企业的竞争力会越来越弱。当然，控制的成本问题的确存在，但不是没有解决办法，可以经过努力而极大地降低成本，不能因噎废食。

第二节 为共同目标拼死相救

我们一直培养做好本职工作为第一要任的观念，业绩考核也是瞄准岗位职责而去。但事实上那些需要创新的工作都没有写在岗位职责中，如果用岗位职责的固定要求作为控制目标，一名名牌大学的毕业生按照岗位职责行事，与新东方毕业生有何区别？

华为在壮大前已经敢于和世界竞争对手比拼，靠的是一往无前的精神，令竞争对手望而生畏，它的背后是任正非一直倡导的"胜则举杯相庆，败则拼死相救"的核心价值观在发挥着核心的作用。"胜则举杯相庆"是指华为敢于分钱，财散人聚，是华为人力资源管理的核心思想和特色，而"败则拼死相救"则是华为运作机制的体现，不论来自哪个部门，只要在一条战壕里作战，必须生死与共。这是任正非带给华为的军队作风，使得华为这个组织始终处在战斗的状态。

何为战斗状态？战斗会死人，部队打完了，就会从战斗序列号中去除。华为的项目就是一次战斗，胜利了可以乘胜追击，继续扩大队伍和战利，失败了就从战斗序列中去除，每一名成员的历往战功都要清零，重找新部队从基层做起。于是打胜仗成了团队的共同目标，一切部门利益之争都要让位于项目成功交付这一最高目标，战斗的控制不是每个岗位有没有做好，而是项目的战斗部署有没有执行好。

华为的考核机制基于 PBC 而不是岗位职责。PBC（Personal Business Commitment，个人业务承诺）是华为每一级组织的管理者和员工对于承诺期内各项工作目标和内容的承诺，包括达到的基本、优良、卓越的标准。这些动态的考核标准是围绕当期任务的，大多存在于项目中，项目的成败成为业绩的基本衡量标准，只有为项目做出贡献，保障项目的成功，才是获得较好业绩的基础。

流程型组织基于广义流程机制，大量运用项目组织进行业务创新，并逐渐沉淀经验而完善流程。相对于传统的管理方法，广义流程下的不成文流程（协议、项目章程等）都可以成为控制的依据，这一方面比传统的按照管理者意志进行的控制更加具体、客观，另一方面又比动则先制度再执行的僵化机制更灵活。基于广义流程的管理控制带来了新的特点，表现在以下几个方面。

1. 对项目可以实行完整的、系统的控制

项目是一个综合的团队，难免需要各个部门的人参与，给每个人的工作控制带来复杂性，矩阵型组织一直为此在强矩阵还是弱矩阵之间徘徊，根本的还是管理权和指挥权之争。权力集中的前提下，强矩阵可以获得基于项目的考核权，但失去资源配置的效率，并不是最佳的方案，而流程型组织同时解决了项目考核和资源利用问题。

流程型组织中考核标准周期性地定义在 PBC，可以让员工同时承担几个项目的工作，实现资源利用率，但考核的标准瞄准项目的贡献，由资源管理人综合考核，因而每个人都是为项目的成败而努力，没有部门的局部利益。

2. 保障业务过程的连续性，使得运作更高效

传统组织多以部门为单位参与一项业务，即把业务分成几个段，各部门各自负责一段。这样划分从逻辑上讲是清晰的，利于管理控制，但现实中并非所有的工作都能划分得如此清楚，特别是一些新业务，还没有总结出划分原则。所以，企业中还有很多工作是无法用部门标准来衡量的。

流程型组织大量运用项目组,而整个企业的权力结构也把指挥权交给项目组织,这使得业务以团队进行,可以打破部门的逻辑界限,按照业务逻辑重新组合,使得每一项业务可以按照一个最合理的实现方式进行,保障业务过程的连续性。

3. 有利于事前控制,提前发现问题

事前控制是在企业的经营活动进行之前,对风险问题进行预判和制定对应策略,如预测控制和计划(预算)控制。事前控制可以防患于未然,使得员工早做准备,执行准确有效。

流程型组织的本质就是追求做好事前控制,为此建立了极其严格的流程。例如,华为的 IPD 在进入项目开发之前有三个重要的评审决策点:Charter 阶段问清楚为什么立项(Why),CDCP 阶段问清楚做什么(What),PCDP 阶段问清楚怎么做(How)。此三问不是单个部门、单个人可以回答清楚的,必须联合起来进行大量的讨论和论证,得出科学的结论才能通过决策。

4. 最大限度地提高员工执行力

员工执行力对企业发展至关重要,对于个人职业发展也十分关键,但实操中不仅应强调执行力的重要作用,更要采取可供落地的措施保障员工执行力在合规的范围内得到最大程度的发挥。传统科层制以部门利益为最高目标时,会使员工有怕犯错的心理,导致"不作为""少作为",推卸责任,何谈执行力?

流程型组织建立跨部门的流程运作机制,鼓励协作,以项目贡献为考核目标,必然使员工爆发极强的执行力。曾任华为常务副总裁的费敏总结在华为近二十年的体会是:执行力的意义远远大过"战略和创新"。任正非总说华为没有战略,如果有的话也就是"活下去",从传统概念上理解,基本是事实。华为自始至终的战略就是:执行力取胜战略,或是核心竞争力战略。华为没有可以依赖的自然资源,唯有在人的头脑中挖掘出大油田、大森林、大煤矿……什么是大油田、大森林、大煤矿?如何挖?关键是人才及其执行力,人才的关键就是机制,机制是整个体系顶层设计的原点。

5. 提高组织整体能力

组织能力的定义是百花齐放的,每个人实际上都是针对着不同的目标。做大做强与做小做活,目标不一样,方法也就不一样,培养的能力也就不一样。崔世君的两点论看的是优劣势,杨国安的杨三角看的是战略成功,夏惊鸣的夏四角看的是机制运作,没有统一的目标和模式。

流程型组织的目标是做大做强,因此组织能力的目标必然是综合性的。华为从电信领域的追赶者到现在的通信、企业和消费者业务全面开花的全能型ICT企业,一路走来,愿景在变,也牵引着业务的发展和组织能力的壮大。

6.培育协同合作的企业文化

企业无论大小,都需要一个有共同目标、共同追求的团队,团队合作是一家企业文化的灵魂,好的团队绝不是随随便便将成员组合到一起,而是为了实现共同的目标和理想,团队的核心是共同奉献。

流程型组织把团队目标作为每个人的工作目标,这促进了协同合作企业文化的形成。华为的企业文化是狼性文化,这不是说要弱肉强食般的厮杀,而是狼群那种团结的力量:学习、创新、获益、团结。用狼性文化来说,学习和创新代表敏锐的嗅觉,获益代表以客户为中心,而团结代表群体奋斗精神。

第三节 自我批判?那是因为有利可图

批评和自我批评是毛泽东为中国共产党总结的一套组织管理方法,使得中国共产党在艰难困苦的情况下能够趋利避害、发展壮大。事实证明,批评与自我批评能够使得一个组织坚持实事求是,改正错误,引导正气作风,加强团结,提高战斗力。

企业也是一样。虽然企业可以设置监督检查部门,但监督检查这项工作并不完全就是这些部门的事。如果所有的工作全指望监督检查部门来做,那是检查不过来的。华为基于流程型组织的运作方式,监督部门是可以通过"长臂管辖"原则要求各个部门在管理控制上从自我做起,先行自查,再对自查结果进行抽查。这样,监督检查工作就不是一个部门在做,而是整个公司的资源全部卷入进来,每个部门、每个人要对自己的工作负责,首先担当起自我控制的职责,所以在华为,自我批判不仅仅是一种文化现象,而且是有制度保障的。

更重要的是,各个部门也在自我批判中得到切实的实惠,这才使自我批判

第三篇 "无生命"管理体系——企业管理的颠覆式升华

蔚然成风。自我批判排查的是现实存在的痛点问题，这些问题实际上是能力不足给自己带来的痛苦。例如，虽然与客户的合同签订了，但签得很辛苦，过程中消耗的时间、精力太多，当员工们把这个情况作为自我批判的内容提出后，下一步自然是要整改，公司投入资源去优化流程，以便在下一轮业务活动中消灭问题或减轻痛苦。所以说自我批判是可以转换为生产力的，这些自我批判是工作效率不断提高的源泉。

传统组织虽然也需要通过自我问题发现和解决来持续改进业务能力，但在管理权和指挥权合一的前提下，如果进行自我批判，将与流程型组织呈现不同的结果。

一、传统组织与流程型组织自我批判的区别

1. 自我批判的目标导向不同

在管理权与指挥权合一的情况下，传统组织的控制工作面向领导，以领导满意为目标，这样的自我控制是不彻底的。因为人们对上级提意见总是充满疑虑，毕竟不能保证每一位领导都是时时刻刻大度为怀。

流程型组织把管理权和指挥权分开，指挥权来自客户需求为导向的流程传递，对指挥权使用上的批判代表着客户的声音，这样各个部门的自我控制就是彻底而全面的——工作交付不是面向领导的满意，而是最终流向客户的验收。

2. 自我批判意见的客观程度不同

传统组织在进行自我批判时，很容易将对管理权的问题与指挥权的问题混杂一起，而这之中又是管理权问题占主导，因此不可避免地聚焦于领导在部门管理上的问题，而这方面的问题很多并不与客户的业务直接关联，而是对人的评价，因此主观的成分更多，改进相对困难。

流程型组织却是因为指挥权与管理权的分开，使得两类问题的意见有了清晰的边界。对于日常工作的自我批判，更多聚焦于业务上，因而提出的问题更客观，改进目标明确，有更好的操作性。

3. 自我批判的用途不同

传统组织中自我批判的结果往往直接用于业绩考核，因为管理权与指挥权合一的情况下，个人绩效是封闭于部门之中的，自己的问题意味着给部门带来问题，因此这种机制下"自我批判"就可能演变成"组织对自己的批斗"，久而久

之，这种"自我批判"必将被"自我邀功"所取代。

流程型组织的自我批判是为了发现改进问题，这些问题不是个人的，而是集体的或者现有机制的，与个人业绩没有直接关联。个人的考核不是看存在什么问题，而是看贡献。当然，个人遇到问题而影响业绩的情况也是有的，因此每个人都需要暴露问题，以求得帮助而扫除自己的障碍。

二、流程型组织开展自我批判和改进的意义

流程型组织这种彻底的、自我驱动的控制和改进给企业带来了如下好处。

1. 持续改进管理问题，并转化为生产力

很多企业只关注年复一年地割麦子，不注重生产工具的改进，这样只能越来越落后，最终必将被淘汰。华为坚持的技工贸战略，最终必然越来越成功。这里的"技"不仅仅指产品技术，也包括管理技术，而管理技术的改进需求正是来源于不断的自我批判和控制。

2. 使全员处于熵减状态，保持企业活力

热量的传递是自动从高温向低温转移，在一个封闭系统里最终会达到热平衡，这个过程就叫"熵增"，平衡最后的状态就是熵死，管理界用此比喻企业走向死亡。任正非的熵减理论主张在公司内长期推行一种耗散的管理结构，使组织在压力中保持活力，从而获得新生。而自我批判和控制使得员工永远只看问题，不要躺在历史功绩上吃老本，牵引组织欣欣向荣地发展下去。

3. 全员动员而获得超强发展能力

流程型组织的自我批判和控制是从每一个岗位、每一位员工做起的，因而带来的改进和发展动力来自于每个员工，使他们自发地为客户目标而工作。这是企业潜能最大的发挥，正如高铁必须让每节车厢都具备动力，而不是依赖火车头。那些依赖火车头带动的组织，其前进动力终究是有限的。

第四节 控制工作减负是IT化的直接动力

IT对于很多传统企业来说是又爱又恨，一方面依靠信息系统能把工作效率推向极致，另一方面真的做好信息系统又需要不少投资，但即使愿意大力投入，

传统行业几乎都敌不过轻装上阵的互联网企业。其实,传统企业与新兴企业在管理信息系统上的差异并非所处的行业或者人员结构造成,而是新型组织在员工个人实现目标和组织形式的差异造成。

一、自我驱动下的控制工作减负是信息系统最直接的推动力

信息系统建设的好坏不在于企业是否处于高新技术行业,而是看驱动信息化建设的动力是否足够强大。腾讯、阿里的业务特点是基于互联网这种技术平台,自然聚集一大批高技术含量的员工,但这不代表其背后的管理能够自然而然的高效。尽管他们的市值很高,那是投资者对他们寄予的厚望,但他们的营业收入加起来也比不上华为,人数也远不及华为。如果他们和华为是相同的体量,那么背后遇到的管理问题是一样的。

传统企业成功运用大型 IT 系统需要企业自顶向下的推动落实,例如实施 ERP 项目。但是很多项目的推行经常会受到基层的抵触,因为新系统改变了习惯了的工作方式,引起效率的不升反降,最终导致推行失败。但是,在流程型组织中,员工要为自己的工作做好自我控制,并且在以客户为中心的驱使下有非常多的工作可以去做,以多劳换得多得,因此他们的工作强度就非常大,减负不减量是每个员工所希望的。在他们的工作中,控制工作成了最先想摆脱的工作,因为这部分工作增值最少,而又最容易转为自动化实现。他们对信息系统建设的需求是发自内心的渴望,自然会更加积极地配合信息系统的推行。

信息系统的基础是自动控制系统。信息系统最初的出发点是能够帮助人们自动化地控制流程,在这基础上有了数据的存储和再利用,成了智能化越来越高的信息系统。业务人员对自动化系统的迫切需求是企业进行信息系统建设的动力,因为业务人员是系统的使用者和数据提供者,由他们来推动信息系统建设,才能反映这是企业的真实需求。很多传统企业是完全的中心化体制,任何重大决策都是自顶向下的,因此信息系统建设必然需要经过领导层同意。无论领导者在实施过程中参与与否,领导者意志是起决定性的主要因素,员工的责任心与积极性与去中心化的流程型组织是不能比的。

二、对数据的追求引导了合理的信息系统规划

传统组织中各部门的工作以完成自身的业务目标为上,直线权力大于职能

权力。他们关心的是自己的业务效率，追求多快好省的目标，因此对信息系统的要求重点是要解决效率问题。但是流程型组织以职能管理为基础，强调职能管理到位，在把控好风险的基础上再提高效率，因此风险控制是基础，是首先需要得到保障的。而对于信息系统而言，这是更有利于建立完整规划的指导思想。控制就要有数据，而数据是开放的，可以有更多利用的价值。如果基于传统组织业务模式那种对过程效率的追求，可能就忽视了各环节数据的保留，一旦需要的数据没有时，再修改系统，这样就造成前期信息系统投资的浪费。

做好控制工作离不开数据。数据是在流程中跑的信息，也是IT系统的灵魂。华为早期也没有给以足够的重视，IPD变革虽然进行了十多年，也有力地支撑了公司的发展壮大，但是对数据的关注不够，因此没有系统地梳理产品的信息架构和数据的标准，也没有对业务流中的数据流进行系统梳理，从而没有基于梳理的数据来定义IPD流程各环节的交付件和数据，也没有基于数据流的梳理来定义IPD领域的IT应用架构和接口，导致前期IPD领域的信息系统建设非常凌乱，不能支撑管理控制工作的需要。华为董事长徐直军为此说道："IPD的经验与教训告诉我们，对业务流中信息的梳理是流程定义的前提，是IT应用架构定义的基础，也是IT系统开发的前提，主流程集成贯通，本质上是数据的集成贯通。数据管理在流程与IT中处于最核心的位置，因此需要对数据给以足够的重视。"

IT是什么？IT就是承载业务作业流程并实现业务数据自动传递和集成的使能器。IT承载的是业务流以及数据，IT支撑每一个作业以及作业输出的数据，通过IT实现数据之间的集成、流程的自动化，而不要依靠人来输入、转换数据，因为人是会犯错误的，而IT系统不会，而且效率比人高，把控制工作交给IT是最安全、最高效的。因此，流程型组织建设的最高境界就是端到端、整个业务流全由IT支撑，使所有的作业、所有的数据都被IT承载，而且从前到后都是集成和自动化的。

第四篇 流程高速公路——大流程体系概述

　　流程型组织实际上是"流程"与"组织"两个角度组成，缺一不可。组织是以流程为目标，把指挥权交给流程；流程是基于职能部门制定，但通过"长臂管辖"跨部门协同。流程型组织中的流程不依附于组织，不是简单的狭义流程，需要放到更大的视角去建设。如果单纯地把流程看成是具体的操作制度、岗位职责，而不是把流程作为一种组织运作机制，那是难以发挥流程应有的作用的。遗憾的是，许许多多的企业正处在组织与流程相错位的误区中而不知。

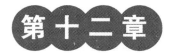

第十二章

顶层设计好,执行烦恼少

华为的管理方法有一个特点,无论是人力资源还是各种业务流程,制度设计都是从顶层设计开始,运用各种管理理论、业界最佳实践和系统化的方法,从全局的角度,逐层向下统筹规划,以集中有效资源,高效快捷地实现目标。尽管日常业务运作是去中心化的,但这种生态的建设过程需要有规划,这样才能少走弯路。

当企业规模越来越大,问题越来越复杂,很多企业的管理层往往会选择一种较为简单的方法——试错。试错是在没有充分经验时采取系统或随机的方式,去尝试各种可能的答案,在实践中验证方案的正确性,从而找出正确的方法,但也以部分资源的牺牲为代价。中国改革开放初期践行了"无论黑猫、白猫,能抓住老鼠就是好猫"这种注重实践的方法,对过往的经济建设拨乱反正,但长期来看必然要走向科学发展观,利用体制优势集中力量办大事,才能取得更辉煌的成就。企业也是如此,随着管理经验的积累,如何少试错、不试错是可以带来成本节约的,提高核心竞争力。华为的研发在实施IPD之后,逐渐走上了这条集约化发展的道路,不同产品项目间不再是无序的内部竞赛,而是通过沟通协调,避免同一件事情被不同团队重复地做,能够平台化的尽量平台化,管理层提前参与产品开发决策,而不是等着看试错的结果。

如何做到自顶向下地管理?如何以好的顶层设计为开端?怎样掌握这种由宏观到微观的方法?这是需要学习一些新的思维方法的。

第四篇　流程高速公路——大流程体系概述

第一节　华为为什么重点学习美式管理？

企业最重要的是什么？是人才、资金，还是创新力？这些因素关乎于企业的未来，而日常经营中企业最关心的是利润，没有钱就活不下去。我们可以感慨日本企业的精耕细作和处处可见的节约，例如，打印纸空白的另一面也要再次利用，这成了许多企业学习的榜样。但是，如果企业处在一个红海市场中，任凭如何节约，可能也难逃厄运。正如大润发创始人黄明端离职时的感慨：我战胜了所有对手，却输给了时代！

一个好的企业不应当在红海里挣扎，而是要不断地寻找和追逐蓝海，这就需要战略眼光。在这方面，美国企业独树一帜。例如，在 20 世纪 70～80 年代，美国企业将传统模拟电器的设备转让给日本企业，使得日本企业的电子产品风靡全球，但美国企业却是偷着乐，他们把回笼的资金投入数字电器的研究，旋即便打败了日本企业。近年来，美国全力打压、遏制华为等中国企业的崛起，就是因为其在诸如 5G 领域的战略领导地位不保，着急之下祭出了粗暴性的干涉举措。

任正非早在 1997 年参访 IBM 等企业后，就对 IBM 的管理方法产生了浓厚的兴趣，回来后发表了《我们该向美国人民学什么？》这篇文章，总结了美国企业的几个特点：① 前赴后继的创新精神与浪起云涌的创新机制；② 做大做强的企业管理目标；③ 寻找机会，抓住机会，给企业发展带来动力。这些特点表明，美国企业始终考虑的是如何站在产业链的顶端，如何站在时代的前列，这便是日后华为追求的目标。事实证明，华为做到了，成了世界的一只领头羊。

当然，学习美国企业并不排斥学习日本企业，日本企业的很多精益求精的管理仍然是每一家企业值得追求的。关于日本企业，任正非说道："日本经济为什么这么发达？是因为以客户为中心，把商品做得这么好，让大家不得不买……日本产品给人们最深的印象就是质量，质量的目标就是客户需求。我们公司是追求客户的满意度，而不是追求成长的速度和存量的管理。"从文化上讲，日本企业和中国企业更接近，都有东亚文化的底蕴，而这些又是西方企业所不足的，华为将这种东方文化和西方管理结合之后，能够更好地完善和发展西方的管理方法。例如，华为在 IPD、LTC 等项目运作中，加入了质量体系的做法，使得西方管理方法落地执行更加彻底。

任正非鼓励学习日本企业，也鼓励学习德国企业，但更主要要学习美国企业，他说："进攻是最好的防御。要舍得打炮弹，用现代化的方法做现代化的东西，抢占制高点。"正因为如此，华为的研发投入是全球最多的企业之一，2018年全球排名第五，超越了苹果和英特尔，并且超过了国内 BAT 的总和。这些巨额投入必须在一个正确的战略航向上，否则危险极大。

华为对战略的管理主要是抓两点：战略机会点和战略控制点。第一点叫作"发现和抓住战略机会点"。战略机会点是所有企业最终得到可持续发展的一个核心输入。对于中国现在的企业家或者中国企业的核心管理团队来讲，发现战略机会点不是那么困难的，很多甚至敏锐程度超过华为，但他们中有不少最终还是落败，说明仅有战略眼光是不够的，先看到并不一定能抓到或者抓住。

第二点叫作"设计与构建战略控制点"。关于"战略控制点"，可以简单地理解成一种不易构建的，也不易消失、不易被模仿、不易被超越的中长期竞争力。例如，专利组合、品牌、客户关系、产业链垄断地位，这些都是战略控制点。

战略控制力系统是研究战略控制力等级的一种方法，图 12.1 中的系数与实例表明：追求普通商品和社会平均成本的企业已经没有战略优势；富士康追求 10%～20% 的成本优势，使得它的全球代工地位难以撼动，但这只能使其处在供应链末端；欧美公司大多数处于战略控制点顶端，以其稳定的领导地位从全球产业链中获取丰厚的利润。

战略控制 – 战略控制系数	例子
10 拥有标准	高通、ARM
9 价值链控制	苹果、微软
8 绝对的市场份额	腾讯（QQ、微信），亚马逊（云计算）
7 客户关系	兰德、华为
6 品牌	宝洁、佳能
5 技术领先一年	村田、英特尔（FAB）
4 功能、性能、品质领先	大金、格力
3 10%~20% 成本优势	富士康
2 具有平均成本	无数
1 商品	无数

图 12.1　战略控制系数与实例

战略控制点需要建立在一个"无人区",因为如果建立在靠近另一个公司已经形成的战略点附近,那无疑是以卵击石,所以我们看到近些年盲目跟风的企业无一成功,而有一点小发明、小创造的企业马上就希望单飞,却旋即被大企业所碾压,这些都是没有把握战略控制点的表现。战略控制点建立在"无人区",必然如同上甘岭一样艰苦,这时候人拉肩扛的建设过程是难免的,不可能坐下来精雕细琢。这种时候最需要的不是精密仪器,因为精密的标准还没有制定出来。如果企业不顾这些战略控制点的要求,一味地在原有的道路上精益求精,很多精力和付出与战略控制点是对接不上的。

第二节 从高速到县道,流程有三个层次

企业的流程建设就好比一个国家的公路体系,需要有规划、有条理地进行。如果公路建设没有规划,今天建一条路,明天再建一条路,那么岔路口会越来越多,效率必然会越来越低。为此,国家的公路体系分了等级,最快的是封闭的高速公路,有了这条主动脉,车辆可以在其上高速行驶,只在最后的几公里才走上小道,到达各自的目的地。流程也是这个道理,不要因为一个问题就设计一个流程,那样流程会多得让人无法适从。流程的高速公路我们称为"主干流程",它规定了业务的基本红线,红线是封闭的,每个人都不能随便开个口子而跃出。在符合管理红线的基础上,可以用自己的个性化流程对接高速公路出口,这些小道影响的范围比较小,因此各个地区可以自己建设,即部门自己在适配主干流程的基础上完善自己的流程建设。

除了高速公路之外,国家的产业布局和发展战略也很重要。中国历史传统与经济发展布局就存在着矛盾,造成了特有的春运大潮。在这个大潮之下,效率再高的运输体系都会在短时间内应接不暇,而瞄准春运客流量而建设交通系统会使大部分时间资源利用不充分,所以中国最好的方法是调整产业布局,落实推进西部大开发、促进国家东西部协调发展的战略布局。企业的流程建设也应当有一个战略布局,发展何种核心业务?在产业链中发挥什么价值?与竞争对手拉开什么样的差异化竞争?这些都需要有个界定,即制定流程架构,而主干流程的布局、流程责任及负责人的遴选都与此有关。

由此，可以把企业的流程归纳为以下三个层次。

一、战略层面的流程架构

一家企业的战略是对业务的引领，战略的不同意味着业务实现也是不同的，例如"贸工技"战略与"技工贸"战略，虽然只是一个次序的问题，但企业业务的核心与支撑关系就不同了，导致业务的流向不同，那么流程体系设计的思路就不同。这里说明一下，现在很多人以华为的成功来说明"技工贸"是正确的道路，而"贸工技"是错误的，这是事后诸葛亮的观点。技、工、贸这三者的逻辑顺序只代表一种商业模式，成功与否在于不可偏颇其中任何一项，华为的成功在于重视价值链的每一个方面，而那些失败的企业只是看中了其中一项，让其他价值环节处于辅助地位，没有实现资源的最佳配置。只要有这种思维，华为即使实施贸工技战略，主管贸易的团队也会发现加工和技术的重要性，也会推动其他环节均衡发展的。

流程架构是对业务总体结构的划分，与企业的价值链是对应的。划分流程架构的意义在于界定了价值链流程这一企业分工的基础边界，可以依据职能，让专业的人做专业的事，达到最大的效率。同时，价值链流程在顶层业务逻辑上是连贯的，流程架构看似各管一段，实际上是无缝衔接，没有管理的真空地带，因此可以确保流程的衔接，任何问题可以找到责任人。

二、主干层面的管理流程

主干流程是对业务基本活动的规范，也就是业务规范的底线，如预算和支出的签发、投标和签订合同等对外承诺等关键的活动，这些要严格把关。既然是主干流程，就不需要将操作要求事无巨细地写进去，否则就是到处开辟出口的高速公路，失去高速公路的意义。

主干流程本质上是针对中层管理者设计的，将他们日常工作的计划安排、实施方案、管理控制等设计到流程中，他们的工作就是管理业务的底线。基层员工在满足这些底线的基础上，反而不需要太过严谨的末端流程，他们需要做的是用最好的经验提高工作效率，而不是更多的规定。

三、末端层面的操作流程

对于基层员工的流程通常是各个岗位的工作准则，即末端流程，如操作指导书、模板、检查表等。很多企业关注的流程只在这个层面，这是对流程的狭义理解。如果一家企业只在这个层面进行流程建设和优化，那么只能是修了越来越多的乡间公路，把事情搞得越来越复杂。实际上末端流程应该是建议性的操作要求，是最佳实践方法的指引，但很多企业拿它当圣旨，把管理规定都加了进去，所以使得末端流程缺乏弹性。如果企业的流程是分层的，那些管理红线性的规定都应放在主干流程中，这样末端流程才真正受欢迎，不会成为掐住业务脖子的羁绊。

关于流程的分层，业界存在不同的分层方法，有五层的，有六层的，也有七层的，实际上核心是三层：战略层解决流程以什么样的总体结构而存在，它符合企业的价值链，回答的是企业为何而战（Why）；主干层解决管理围绕哪些战略控制点进行，解决了围绕战略做什么（What）；末端层解决怎么做（How）。具体运用时，每个层面可能因为业务复杂而需要分解展开，因此又可以进一步分解，例如华为将战略层分解成"流程域"和"流程组"，主干层分解成"流程"和"子流程"，末端层分解成"活动"和"任务"，这些分层是随业务的简易程度而运用，必要时每一个大层分解成三层也未尝不可。运用分层方法时一定要灵活，不需要分解的部分就不刻意分解。很多企业使用时较为僵化，反而造成流程使用管理的不便。

第三节 大流程：三种变革大包圆儿

大流程观是相对于当前很多企业对流程的认识局限而提出，希望引导他们跳出操作性思维，走向流程的战略定位和主干流程建设，从宏观视角认识对待流程问题。树立大流程观，使得流程不再是基层人员的职责，而是企业最高管理层开始就应当涉足的管理内容，关系着企业的管理结构、业务发展、组织设计和企业运作机制的大问题。

大流程是对企业所有与流程相关的工作的概括。流程本质上就是业务，所以有关业务的问题需求、运作机制、制度规范、检查监督等都是与流程有关的，流程与人力资源、财经分别是对企业行事、人力和财物三个基本面的管理和支撑。企业据此三足可以鼎立，而目前大部分企业是缺此足而跛立的。虽然说业务流是客观存在的，企业无论有无大流程管理，流程仍然一定程度上存在并被管理着，只不过那些只着眼于操作流程的企业，他们的流程演进速度是低效的，是在碰撞中前进的，很难达到像华为这样整个企业协同一致的流程化运作水平。因此，树立大流程观是企业建设好流程、支撑业务发展必须具备的。

一、大流程建设的目标

大流程作为自顶向下的流程建设方法，其目标是要为公司战略服务，使企业形成一个凝聚的集体，从而获得战斗力。大流程建设目标具体表现在以下几个方面。

1. 衡量战略控制点效果

一家企业每名员工的工作都必须是有效的，企业的投入才有价值。而员工的工作必须符合战略控制点要求，才能说有价值。如果员工花了大量精力优化一项与战略目标相悖的工作，那样不仅没有与公司战略形成合力，反而分散公司资源甚至形成阻力。但现实中很多企业的精益化工作就是这样，聚焦于现有流程的精益求精，并没有从公司战略角度衡量所做的工作，那样的话做得再好也不是在为公司战略做贡献。

2. 让每个岗位的工作融入公司流程

一家企业的所有资源都应当运用到业务流程中。大流程观使得一家企业自顶向下梳理流程和业务，就可以审视每个岗位的作用和存在价值。反之，如果自底向上做这项工作，很容易归结到不同的目标，这些目标肯定有很多是历史遗留的，不再是公司的主航向。

3. 获得良好、稳定的协作关系

大流程自顶向下构建，首先确立的是流程领域边界和责任人关系，这种责任人实际上起着最终的裁决权作用，因此使得企业运行中遇到任何争议问题都可以获得解决。如果企业只在操作层面解决问题，当遇到跨边界问题时往往就找不到人决策。

二、大流程对企业变革的意义

企业发展过程中很难保持与外界环境的平衡，因此到一定时候就需要进行变革，这些变革按照问题影响的范围和性质，可以分为结构性变革、机会性变革和局部性变革，而大流程的三层划分可以分别采取针对性的措施，使得企业迅速调整姿态，适应新形势变化。

1. 以架构调整应对结构性变革需求

结构性改革是为了解决结构性问题而制定的改革举措，这是企业重大的战略调整而引起的，如产业方向变化、供需关系变化、区位资源变化、股权利益变化等。这些变化影响着企业组织结构、业务流程的变化，有些领域需要从无到有，有些部门需要关停并转。这种变化对于企业的影响是急剧性的，很多流程制度可能立即就被失效。这种情况下，从头更改流程是来不及的，而是应当在流程架构层面先行调整，带动组织结构和流程责任人的调整，这样在缺乏足够的流程支撑情况下，先厘清领导和指挥关系，保障业务先开展起来，然后再边运作，边完善新的业务流程。

2. 在主干流程层面解决机会性变革问题

机会性变革指结构层面没有问题，但新的业务要求与现在的业务流程存在矛盾，而解决这个问题的时间窗口有限，必须抓住这个机会实现变革。这种情况下，要先行修改各种具体的流程制度也是不可能的，会贻误战机，唯有进行机动性作战。这样的战斗要求管理者亲自参与，因为主干流程与他们相关。走在主干流程上的业务，符合关键控制点而不拘小节，因而有较快的执行效率，并且中高层管理直接背负责任，如果主干流程存在不合理之处也可以迅速调整，这样便能以最高的效率应对机会性问题。

3. 在操作层面解决局部性变革问题

局部性变革是指企业总体流程架构没有问题，也不存在业务的重大挑战，只是在局部执行环节存在效率、风险、质量等问题。这时由于问题边界和责任明确，框架和主干流程也没有大的问题，解决的范围缩小到特定的流程段，只需要将这部分的流程进行优化，提高这一部分的业务能力即可。按照大流程的层级分类，可以迅速明确问题责任人及范围，无须在高层从头讨论、定位和委派人员，提高了变革工作的效率。

第十三章 理解大流程,建设可速成

流程在很多人眼里是企业的操作规程,是指导基层操作人员的准则,所以把它看作是基层工作优化的范畴,导致很多企业一遇到流程问题就安排基层管理者去解决。这是把流程看"小"了!领导的大事不仅仅是战略、规划和组织,还有一个不同于基层"小"流程的"大"流程,这个流程就是对"小"流程的抽象提炼,使得这个大流程中的一个大活动能够涵盖和管理若干个小流程。没有这种抽象能力,就缺乏作为一个领导应有的素质。

第一节 企业变革的四个前提条件

企业在从小到大的过程中,在组织与流程的运用上各有侧重,在小企业阶段不可过分倚重制度而使企业失去灵活性,在企业发展壮大后又必须依靠制度和流程进行管理,而其中的变化很难做到自然过渡,必须通过变革来实现。

这场变革体现在流程上,就是由小流程向大流程的转变,因为在小企业阶段,无须考虑流程的架构和高速公路,那时的环境没有施展条件,而企业做大后,有了大流程的空间和必要性,其建设方法不是接着原来的乡村公路来修,而是要重新规划。这时,过往乡间公路的建设者很多经验要清零,很多习惯要改过来,这是变革的难点所在。很多企业之所以失败,往往就是因为无法调整内部组织和流程以适应已经改变的战略。例如,诺基亚、摩托罗拉,他们不是没有看到移动互联时代手机的智能化趋势,而是无法调整在功能型手机时代积攒的组织惯性。

任何变革都会遇到克服惰性问题。人们总结过这样一个规律，在变革的初期都有一个效率下降的过程，随着人们逐渐掌握新的方法，效率会逐渐显现并超越过往，这就是"变革曲线"所揭示的原理。"变革曲线"理论最初由精神医生伊丽莎白·库伯勒·罗斯提出，用于分析人们在受到心理创伤后的改变过程，现已广泛运用到企业变革管理领域。变革曲线包含了四个阶段（见图13.1），它描绘了大部分人在面对变革时会经历的心理变化过程。

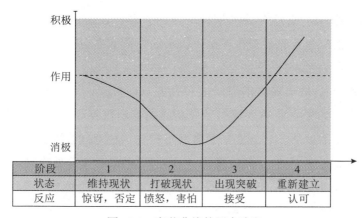

图 13.1　变革曲线的四个阶段

在变革曲线的第一阶段，也就是变革方案刚引入时，员工们往往会感到震惊，或者拒绝面对。在变革开始实施后的第二阶段，员工们会以一些消极的方式来回应，例如对变革可能对自身带来的损失感到焦虑或愤怒，对变革方案进行抵制等。可以想象，变革进程持续停留在第二阶段，将会对变革造成极大阻碍。而进入变革曲线的第三阶段后，理解和支持会逐渐取代消极的情绪和迟疑不决的态度，为变革带来活力。在这个阶段，员工们不再专注于变革带来的短期损失，而开始接受新的思路，探索变革会带来哪些不同，并逐渐适应。在第四阶段，员工们开始自觉拥护变革，并通过改变自己的行为方式来更好地适应新的工作环境。只有在进入这个阶段之后，企业才真正开始收获变革的成果。

因此，大流程建设应当意识到潜在的困难，理解中层管理者和员工在变革中的行为反应，这些都是正常现象，但要抓住关键的时期做好思想意识上的引导，集中地、密集地传递变革价值，尽最大的努力帮助解决推行"危险期"的困难和问题，缩短"阵痛"的时间。如果一个变革方案真的是有价值的，那么到了变革曲线的第三阶段一定会迎来大幅转折，使变革走向成功。意识决定着人的主观能动性。一旦各级员工意识到变革利益，都会主动站在推进变革的一边，并且积极参与、主动献计献策，付出再多也心甘情愿。

为了保障大流程变革转型的成功，企业需要注意以下几个前提条件。

1. 大流程建设需要具有一定的业务规模基础

大流程是一套系统化的流程指挥体系，与企业行政上的管理体系叠加运用，形成双向指挥系统，支撑企业大规模运作的管理。但是，企业规模不是足够大时，这个双向指挥企业就显得很厚重，付出的管理成本可能高于实际收益，这时的企业并不适合运用。

双向指挥体系是最高层沿着职能和业务双向授权，职能部门帮助最高层一管到底。但是，如果企业的规模对于最高层的管理跨度而言已经能够一管到底，或者少数几个助手就能一管到底，暂时就不需要这种双向指挥。这时候的流程可能由最高层"即刻"制定反而效率高。刘邦新进咸阳，百废待兴，口宣约法三章："杀人者死，伤人及盗抵罪。"即可稳定基本秩序。随着时间推移，需要约法三十章、三百章时，此时才需要具以法典。

2. 士气旺盛，积极求变

流程型组织基于员工的自我实现为出发点，必然要求员工处于积极向上，谋求突破的状态。试想，员工没有那种主人翁意识，积极调动周边资源为客户服务，那么交给他们流程的指挥棒，如何能发挥作用呢？华为在全面推进业务流程变革之前，首先进行的人力资源的变革，把人的积极性先调动起来，大家才愿意投入艰苦的变革之中。

3. 机遇适当，选对问题

面对变革，势必困难重重，所以战略上可以藐视困难，战术上则要重视困难，要抓住好的时机，解决一个恰当的问题，使反对者由多变少，获益者由少变多。例如，围绕公司战略上关注的一个问题，进行流程建设，实现资源最佳配置和效率最大化，为战略实施添砖加瓦，势必可以获得公司上下更多人的支持；围绕一个Top级的痛点问题，与相关方利益绑定，在战火中建设流程。这些利益导向使流程建设顺势而为，减少了各方的阻力。

第四篇　流程高速公路——大流程体系概述

4. 管理层坚定的信念

华为变革的成功离不开任正非坚定的信念，无数次变革逆潮，都被他坚定地顶住了。在早期学习 IBM 西方管理方法出现不适应时，他提出"先僵化、后优化、再固化"的削足适履式的策略；在 IFS 咨询项目进展缓慢、公司上下要求撤换外方顾问专家的呼声中，他要求尊重专家的努力，坚定地支持专家的辛苦工作，用豪华盛宴款待他们，并颁发特地为他们定制的奖章，使外籍顾问们在感动和感慨中奋力拼搏，最终使项目获得巨大成功；在变革效果难以显现，数据不准甚至出现造假时，他不是去处罚造假者，而是自罚 100 万元以示警醒，告知大家数据不准是领导的过失。在变革历程中，只要有一个环节有一点点犹豫、一点点不坚定，华为是走不到今天的。

第二节　大流程体系建设五步骤

大流程体系的建设是自顶向下开展和实施，包括制定战略—确定价值链与流程架构—流程型组织设计—开发业务流程—管理和运营流程。这五个步骤相互依赖，逐次演进。

一、制定公司经营战略

经营战略是企业为实现其经营目标，谋求长期发展而做出的全局性经营管理计划，它关系到企业的长远利益，以及企业的成功和失败。制定经营战略是企业最高管理层的职责，其内容包括经营战略的思想、方针、目标、需要达到的成果、措施等。

经营战略的第一要点是有客户需求为支撑。这里所谓的客户需求并非一定要是"客户提出需求"，完全的客户需求往往不能作为战略依据，因为当客户提出需求时，这种需求已经是公开的秘密，没有太多战略意义。企业应当能够"帮助客户提需求"，以新思想、新概念引领市场，正如乔布斯能够做出 iPhone，是因为他作为 iPhone 的第一个客户提出了一系列新的需求构想。这就是发明创造，但发明创造必须经得起客户的验证，仅仅一个利己的构想未必能被市场所接受。

经营战略的第二个要点是要可以落地实现，包括业务设计可落地和战略执行可落地。业务设计涉及商业模式问题,而商业模式决定了企业的资源配置和活动逻辑,是流程建设的前提。战略层面的规划不可能很细致,但要奠定好基本格局,使得未来执行中不发生重大调整。此外,要做好战略控制点规划,使得战略可控,目标能够被实现。

二、明确价值链与流程架构

价值链把企业的战略实现活动分为基本增值活动和辅助性增值活动两大部分。基本增值活动清晰而明确地定义"生产经营环节",如材料供应、成品开发、生产运行、成品储运、市场营销和售后服务,这些活动都与商品实体的加工流转直接相关,构成一线"作战部队"。辅助性增值活动包括组织建设、人事管理、技术和采购管理,是企业强大的后台支撑。辅助性增值活动是管理界对这一类活动的命名,这种命名可能使很多企业不够重视,但实际上这些辅助活动才是企业核心能力,是企业打不垮的根基。

企业的战略决定了价值链取向的不同,不仅在主营业务的重心、价值增值上不同,也在基本增值活动和辅助性增值活动上各有侧重,如前者的技术管理作为项目服务,属于基本增值活动,后者则作为企业的公共能力,更多的比重是属于辅助性增值活动的。

基于对价值链的分析,企业可以明确整个流程体系的框架。这样的框架有着明确的业务边界,但同时也保持着业务模块的衔接关系,使得流程可以端到端拉通。此外,依据价值链的流程架构也便于战略控制点的落实。

三、流程型组织设计

流程型组织设计并非新建企业组织结构,而是基于原有组织结构的基础上,面向流程型组织的特征,进行补充性完善,使组织实现管理权和指挥权的双向指挥系统。

流程型组织的设计任务是:设计清晰的流程责任人体系,规划和设计组织中流程职能的分层分级,确定组织中流程责任人的职能职权和授权要求。

1. 流程责任人结构

所谓流程责任人结构是指依据流程架构而对应地建立组织流程体系及责任

人关系，是对完成组织目标的人员、工作、技术和信息所做的制度性安排。流程责任人结构按职能与业务两个角度分别授权，构成矩阵结构。

2. 组织运作机制

流程型组织的根本基因是流程，因此要将这一基因体现在企业的各个环节。每一个部门都应当具备整个公司的基因意识，这样就能做到全公司上下的密切配合，使得运作效率达到最高。

3. 高阶组织与流程方案

输出高阶的组织与流程方案。所谓高阶方案是指用于顶层设计时使用、总体和概括性的方案，例如图表、概述性材料。对于流程架构和责任人而言，高阶方案不需要展开得非常具体，而是便于高层进行总体讨论即可。高阶方案确定后可以继续由相关责任人进一步细化。

四、开发业务流程

基于流程架构的业务流程开发，如同在各个省份之间修公路，一是要明确公路的等级，重点保障主干流程；二是要修建端到端的流程，保障流程的上下游关系，使得业务能够畅通。

主干流程的特点是要"快"，业务处理有效率，流程设计力求简单，避免过多的特殊要求，涵盖大部分主流业务，但也要严格把关，防止错误问题混杂其间。对于非主干流程上的特殊业务，可以与主干流程进行对接，完成最后一公里的适配，保障业务的整体效率得到提升。

流程的贯通依赖于上下游部门的配合，因此开发业务流程不是一个部门的事情，而是由责任方牵头，相关部门合作完成。如果各个责任部门依据这个原则构建与价值链相对应的流程，那么企业端到端的流程体系就建立起来了。

五、管理和运营流程

有流程并非代表流程能够执行好，流程执行不好，流程就形同虚设，因此，流程建设的成败还要看管理和运营是否到位。相比于流程开发团队，流程管理和运营涉及的面更广，难度更大。

流程的接受需要改变每个人的习惯，这是一件艰苦卓绝的工作，但也有一个百试不爽的诀窍，这就是"从领导做起"。凡是老大难问题，"老大当责就不难"。当然，决定流程运营的关键还是流程本身要科学、合理，能够带来切实的业务利益。主观制定的、不切合实际的流程无论如何努力也是长久不了的。

第三节 榜样的力量：以点向面辐射的建设原则

实验工作在科学领域是普遍被认可的，没有经过实验的产品不能进入人们的生活。然而在社会领域相对就容易被忽略，例如，一项政策制定后就发布推行，要求大家执行起来，但事实上大家可以看到，某市发布垃圾分类政策后，完全是从专业人士的角度制定"湿垃圾""干垃圾"标准，结果给老百姓带来了不便。其实，该市完全可以先进行小范围试点，听取群众意见后修订政策，等到方案稳定下来后再全面推广。

企业变革时往往已经具有一定的规模，有不同的产品、不同的销售渠道和区域，一下子让所有人立刻改变习惯是非常困难的，也是非常危险的，所以每一项变革一定要开辟试验田，先在一处或几处试做，试点后再推行。从华为的变革历程来看，总体上是一步一步来的，先是研发搞 IPD，后是供应链搞 ISC，然后逐步到各个领域；从每一个领域看，也是试点先行，研发先在三个产品上推行 IPD 方法，然后推广到公司产品的 50%、80%，直至 100%，销售 LTC 变革先有南亚地区部甘当小白鼠，然后从易到难地逐一推广。一项庞大的变革绝不是说一句话就能办到的，这与"治大国如烹小鲜"是一个道理，洗、切、焯、炖、炒、蒸、煮，该有的步骤不能少，该把握的火候不能省。

试点工作不是一次简单的实验。实验只是证明某种假设、观点或原理，但试点要体现一个完整的操作过程。在产品中，试点可以体现在成品上，而管理方法的试点要有具体的人在运营，因此就需要样板点。样板流程是按照大流程思想和方法先行制定的某一段流程，同时可以作为榜样来示范，为其他领域流程开发提供验证、适配和复制的原型。

1. 样板流程的可验证性

流程好不好？执行起来有没有效率？这通常是人们对流程建设所持有的怀疑态度。现实中的的确确有很多流程效率很低，而很多改革者臆想中的好流程也没取得好的效果，人们的评价只有一个事实——流程到底有没有带来好处？样板流程正是回答了这个问题。

样板流程为制定流程时的需求而建立，使那些纳入项目的需求都要得到体现，例如，要求某些重要的环节必须得到关键任务的把控，流程的周期能够控制在多少时间之内等。当然，这些要求要在前期提出，否则只能纳入后续的升级计划。前期需求过多可以分期实现，但要注意选择需求的价值，不疼不痒的需求不能给样板流程带来赞许。

样板流程给公司全员提供了可检验的条件，让人们眼见为实，而不是停留在规划中的蓝图，这十分有利于消除人们对变革行动的怀疑，对于变革是否应当扩大范围给予明确的判断依据。

2. 样板流程的引领和适配作用

样板流程是现实中的成功模式，因此就可以成为未实践者的模板，起到很多引领作用。样板流程提供了大流程建设的经验，很多问题的研究不必从头开始；样板流程的很多成果可以拿来所用，如很多业务场景的分类可以沿用；样板流程的很多规则也是通用的，样板先行的同时也为其他流程扫除了障碍。

即使其他流程与样板流程存在差异，它们在开发和实施时只要将其与样板流程进行对比，求同存异，便可以少走弯路，这就是快速原型法。有了一个可对比的原型，人们就有了一个可供讨论的具体对象，通过对其评价，提出改进意见，对原型进行修改，统一使用，评价过程反复进行，使原型逐步完善，直到完全满足需求为止。这种方法比起抽象的讨论，更容易使参与者达成一致。

华为最先实施的 IPD 流程，不仅仅是研发领域的流程，它实际上也成了其他领域的样板，在供应链领域的 ISC、销售领域的 LTC、流程建设领域的 PMOP 等无不吸收了 IPD 的思想和要点。可以说，华为各领域流程建设的成功，是一个一个成功样板的传递。

第四节 以价值链为纲

一张渔网堆在地上时，乱成一团，是看不清网线之间的交织关系的。但是，当我们提起渔网的"纲"，即渔网上的总绳时，网就张开了，一个个网眼（称为

"目"）就看得清清楚楚了。所以，我们做事情要抓住主干部分，再复杂的事情都将变得条理分明，解决起来有的放矢。

企业遇到流程问题时，往往会把问题抛给某个部门或者某个人来解决，例如要求财物部门把报销流程的效率提高一些，要求产品研发部门将产品开发的周期缩短一些，这种局部的解决问题的方法未必是彻底的。如果把企业价值链这个大流程作为纲，我们提起来看一下，就容易发现许多问题不是孤立的：各个部门费用使用毫无计划，财务部门怎能不费尽心机严格把关？市场销售没有给足充分的信息，研发人员那点才思如何快速找到解决方案？现在企业中出现种种业务问题，根本原因说起来很简单，就是一到具体事情就抛弃了价值链这个纲。

流程与价值链又是什么关系？美国生产力与质量中心（American Productivity and Quality Center，APQC）是一个从事流程与绩效改善的全球性机构，创立于1977年，是一个以会员为基础的非营利机构。APQC服务全球超过500个以上横跨各种产业的盈利企业、教育机构与政府等单位，通过对各种企业业务流程的分析研究，总结出一套流程分类框架（Process Classification Framework，PCF），定期发布和更新版本。

图13.2是2018年版本的APQC PCF标准版顶层结构视图，从这个视图可以看出：①APQC PCF与企业价值链的结构是对应的，运营流程从"1.0愿景战略"到"6.0客户服务"基本上是一家企业基本业务价值增值的过程，而管理和支撑服务是价值链的支持性活动；②APQC PCF对企业的组织设计有参考作用，几乎每个模块都可以对应设置一个部门。虽然部门的设置可能不会完全照着这个维度，但至少不要偏离太大，因为偏离大了，业务流程就不能保证连贯。

很多企业可能觉得不屑一顾，按照这种价值链流程架构结构设置的部门，我们都是有的，那么，这个框架有什么用呢？企业组织框架不就可以取代之吗？其实，有了组织架构，不代表这个企业具有灵魂，即战略和核心业务价值这个流程。只有真正地把这个价值链关系运用到实际业务中，才能真正拥有灵魂。

联想公司曾经是中国最大的国际化公司，奉行"贸工技"路线，这在中国改革开放之初也没什么不对，毕竟先要解决国内市场计算机有无问题，况且从联想本身来讲也没有忘记"工"和"技"，是中国最早的民族品牌，而后又收购了

第四篇 流程高速公路——大流程体系概述

IBM PC 生产线。只是相对于销售投入，联想始终不能像华为那样大气，研发十年投入不及华为一年的投入，导致产品创新逐渐落后于对手。显然，联想有"贸工技"之策略，但没有把这个"灵魂"真正落实到行动中，其中的原因也和联想一路发展过来的资本结构变化有关，各种利益关系犬牙交错，柳传志不可能和任正非走同样的道路。虽然从今天看联想没有华为成功，但它确是更多中国企业的写照。

图 13.2　APQC PCF 标准版顶层结构视图（这只是一个通用版本，APQC 同时还提供了近 20 个行业的专业版本）

再看华为，公司战略通过价值链在业务流程中得到充分的发挥。例如，从采购的职责来看，为了保证业务的连贯和安全，必须对每个采购元器件材料保持一定的备选供应商。对于垄断性元件，从价值链角度就必须补足这部分能力，从而准备了很多"备胎"。事实证明，违背商业原则的事情的确会发生，西方政府以莫须有的理由突然断供时，华为能够迅速拿出"备胎"，保证业务流程的顺畅。

企业经营必须目标清晰，战略明确，除此之外，还需要表达成价值链，以此为纲，展开业务工作。没有这个业务纲领，业务执行难保不走样，难免不混乱，难以获得理想的结果。

第五节 主干要分明，管理有水平

高速公路有什么特点？第一，高速公路投资大，因此不可能随处建设，必须选择人口密集的区域间或国家发展规划，根据投资回报来确定，因此它是公路系统中的主干道、主动脉；第二，高速公路全程封闭，只能从规定的出入口进出，虽然这些出入口并非是人们的最终目的地，但借助高速公路，可以使整个行程最快，效率最高；第三，高速公路的高等级、标准化有利于管理措施的实施，例如雨雾天可以立即封闭以保障安全。

流程高速公路我们称为"主干流程"，它也具有上述特点。

一、主干流程是业务的主动脉

很多企业建立流程的依据是解决某些问题，如产品 A 生产流程、产品 B 生产流程、产品 C 生产流程……为什么这些不合用一个流程？通常企业会这样回答：因为每个产品都不一样，怎么能用同样的流程呢？由于这种思想，这些企业的流程数量就会随着问题越来越多而复杂化。

当企业的流程问题多了，就要分清流程的主动脉，不可能让每一根血管直接连着心脏，而是在主动脉的适当位置分流出去。价值链的一个增值活动分解下去可以有许许多多的小活动，流程的主动脉必须是这些小活动的主干，因此，一个价值链活动下就不应当有太多主流程，只能是屈指可数的一两个、两三个。对于不同的产品，剥离每一个产品的个性因素，其生产过程是相似的，都是计划排产、生产产品、进行质量测试、管理生产记录这样的过程，这就是生产的主干流程，至于每个产品生产和测试的特殊性，可以作为补充的分支流程。

主干流程具有如下特性。

1. 主干流程是业务的管理流程

不论是产品部门、销售部门还是其他部门，业务的对象是多种多样的，管理方法肯定有所不同，但就管理过程而言，都有一个相同的过程，即P-D-C-A循环。无论哪种管理方法，只要是为了持续将工作越做越好，都可以归纳为四个步骤，即计划（Plan）、执行（Do）、检查（Check）、处理（Act），这是与管理对象无关的，是主干流程的基本骨架。由于P-D-C-A本质上也是管理工作的内容，因此，主干流程可以看作是管理流程。

2. 主干流程是管理者必须参与的流程

既然主干流程是管理流程，那么它就是管理者必须参与的流程，这是将管理流程从一般操作性流程中区分开的重要意义。很多流程并不区分这样的主干与操作流程的区别，完全根据工作流转的需要流转到不同的岗位，这样的结果使得有些流程牵扯的管理者太多，因为种种原因导致效率低下，或者有些流程没有管理者参与把关，流程形同虚设。

主干流程是业务的重要环节，它是管理工作的流程，当然首先就要求管理者必须带头遵从流程。操作性流程虽然不直接在主干流程中，但输入输出与此相关，因此管理者聚焦于管理工作，不被操作性琐碎事务缠绕，可以使得流程运转更有效率。此外，把管理者工作聚集于主干流程，便于对管理者的监督，而管理者遵从流程是流程文化建立的基础。

3. 主干流程关键核心问题

流程通常让人们联想起做事的方法和步骤，这就是为何总是有很多人将流程等同于操作流程，其实比如何做事更重要的是是否在做正确的事。主干流程关心的不是细节，而是这些大是大非的问题，如产品是否值得投入研发？生产计划是否可行？销售机会是否真实？这些问题把握好，再去做细节上的工作才值得，否则可能忙到最后才发现是竹篮打水。

二、主干流程与末端流程的适配关系

末端流程可以看成是各项具体业务在主干流程没有规定时进行的补充，是流程的最后一公里。末端流程可以是一种操作指导说明书或模板工具，形式上可以相对没有标准主干流程那样严格，要求业务部门能够自主发挥，灵活运用。

末端流程适配时要注意以下原则：① 不能触及和违背主干流程的管理红线；② 有明确的授权范围和职责；③ 仅对主干流程未说明部分进行补充，不是改写，否则在主干流程版本更新时容易误导使用者；④ 对于主干流程未覆盖的场景，临时性的通过问题升级机制解决，长期性的应当修订主干流程；⑤ 末端流程原则上是建议性的，给出最佳实践即可。

三、主干流程的数字化管理

主干流程虽然不是精细化的操作流程，但仍然对数字化管理有着较高的要求，因为这是管理工作的重点，是管理能够真正规范化、科学化的基础。主干流程的数字化需要瞄准两个"关键"——KPI 和 KCP。

KPI 指的是流程 KPI，是流程运转的关键指标，如某些重要活动的周期、投入产出比等。这些指标可以衡量流程执行的好坏，随着不断改进而提高，同时这也标志着企业管理能力的提升。流程 KPI 使企业获得的能力是固化的，不因人员结构的变化而改变，并且这个能力可以持续提升，成为企业的核心竞争力。

KCP 是流程的关键控制点，是流程执行的咽喉要地，通过 KCP 的检查和回顾，可以发现执行中的问题。KCP 起初至少要做到流程执行有记录，便于随时回溯；最理想的状况是能够逐步用 IT 手段加以自动控制，这时 KCP 就可以撤销了，流程的效率和安全都达到最大化。

第十四章 三驾马车行，共建流程型

如果我们把流程比作是企业内部的"法律"，那么按照法律过程的立法、执法和监督三个阶段去看，流程管理也有流程建设、流程执行和流程监督三项基本职能。这三项职能应当分别予以不同的职能体系，分三驾马车驾驭企业前进。为什么不能合并在一起，或者部分合并？因为职能的合并难免会带来有意或无意的顾此失彼。例如，中兴事件（2018年中兴通讯因贸易合规问题遭美国商务部制裁事件）前，中兴的合规管理部门没有向董事会直线报告的渠道，它隶属业务执行部门，而CEO或者销售部门拥有决策的权力可以轻易否决合规管理部门的要求，因为业务的冲动高于一切，这就是监督没有独立的结果。这种情况必须引起企业管理者重视，因为很多企业没有中兴这样的遭遇，但也存在同样的问题，是企业潜在的风险问题。

流程建设、执行、监督由哪些部门承担？如何运作？关键问题是什么？这些是本章论述的内容。

第一节 三权分立，各尽其力

流程的建设、执行和监督，三项职能分离，即三项工作的指挥权需要分立。这里的三权分立不是西方政治体制那种以制衡为目的，而是流程管理这项工作的三阶段分管。为什么要分开管理？因为这是前后衔接的工作环节，合并在一起就容易出问题。我们有个词叫"监守自盗"，说的是如果把"监"和"守"让一个人来做，他一个人独自就能完成偷窃，犯罪成本大大降低。企业的流程工作如果简单地交给一个团队去做,怎么去评价工作的效果呢?现实中很多企业就是这样,成立一个项目组,自己把事情完成了,汇报的结果都是达标,事情就这样结束了,但其他人都没什么感觉。

一、流程管理职能的内容

1. 流程建设职能

流程建设包括流程的规划、开发、优化和实现,其承担的角色是流程的建设者,要主动捕捉企业内部的流程变革和优化的需求,建立流程规划,推动这些问题的立项和解决,开发和完善企业的流程。其具体职责有:① 识别流程需求;② 制订流程规划;③ 协调解决资源;④ 开发和实现流程;⑤ 持续优化流程。需要强调的是:这里的流程包括配套落地的 IT 系统,以支撑流程的执行效率和管理控制,使流程的价值得到体现。

流程建设职能的部门包括流程部门以及 IT 部门,此二者最好结合成一个部门,如华为的流程 IT 管理部。虽然单纯的流程与 IT 工作性质存在一定的差异,但二者放在一个部门有利于建立他们之间的业务关系,即 IT 遵从于流程。如果分开,很多业务部门需求就会直接让 IT 来实现,但这些业务需求很可能是违背流程的,IT 人员没办法识别。

2. 流程执行职能

流程执行职能的重要原则是"流程即业务",所谓执行流程就是执行业务,不能把流程看作是公司或者流程部门的要求,不是自己部门的业务要求。很多企业就存在这样的观念,认为流程是公司的紧箍咒,自己不得已而执行。如果员工抱着这样的态度,这个企业的流程是管理不好的。

流程执行部门的首要职责是完成交接流程,即在流程推行和应用时首先必须实现流程的交接工作。流程开发者可能不是各个业务部门,但使用者是业务部门,因此流程推行时期的负责人已经是第二驾马车。很多企业流程推行不成功的首要原因就在这里,不进行交接,使用者思想意识就没有转变过来,焉有不败之理?

流程执行的第二项职责就是要改变习惯,用好流程。新流程可能是别扭的,但不尝试怎么知道那些更大的好处呢?华为的每次变革都有痛苦期,但每一次都被高层逼着坚持下去，直到变革效果显现。

流程执行的第三项职责是持续优化，让各个业务部门也掌握一定的流程建设方法，这样在自己的职责范围内就可以进行流程适配和改善，更加高效地解决业务问题。

3. 流程监督职能

流程监督的方法包括例行和非例行的，具体有：① 内部审计，不定期抽样，对被审部门的资料做出证据搜集及分析，全面检查业务合规性。② 稽核，也是非例行工作，根据一些稽核线索（如举报线索）触发进行检查复核。稽核的这种机动性成为审计的重要补充。③ 内控，作为例行性工作应当在各部门内定期展开，如季度性检查、半年度或年度审查评估等，检查的内容包括流程建设完备性、KCP 执行情况、历史问题闭环等。④ 质量保证（QA），是最终质量的总监督。这是质量管理体系中的一个角色，华为也将其运用到各个领域，例如在销售机构中也设置 QA。

流程监督的职能根据施用的方法，可以分别归属到不同的职能管理部门，例如，内控、内审由财经部门或者合规管理部门负责，QA 在没有质量体系的领域，可以独立或放在管理办公室等，这些设计不拘一格，但前提是与业务和建设部门独立开。

二、流程管理的从业资源

流程管理的三大类职能决定了流程管理职能的分派，流程建设、流程执行、流程监督分别属于流程与 IT、各业务部门、财务/稽查等监督职能部门。但是在流程型组织中，根据"长臂管辖"原则，这些职能部门能够调动的资源并不仅仅是他们所拥有的部门内部资源。

以流程监督为例，对于内控这样的例行化工作，单靠内控管理部门人员对所有需要覆盖的业务进行复盘，那是不可能做到的，因此各个业务部门也要设置内控岗位，配置内控专员，把内控这个 DNA 复制到每个业务部门中。这种内控专员的行政考核关系隶属业务部门，很多可能是兼职的，但在内控这件事上，需要不折不扣地完成内控管理部门安排的任务。

流程管理从业资源的隶属关系可以是变动的，即在职能和业务中根据不同的历史阶段进行转化。例如,华为早期流程部门拥有较多的专职流程人员,因为需要集中开发主干流程,这样也有利于更好地向顾问学习。随着主干流程的完成,工作重心转向流程适配和优化,这些流程专业人员可以重新划归业务,成为业务部门的管理资源。但无论如何划归隶属关系,流程职能部门的统一规划、协调和监督职能不会改变。

第二节 像产品一样开发流程

在传统组织中,开发流程大部分都是企业内部的工作,其重要性和紧急性往往低于企业的主营业务,因为对外的业务才是企业的生死线。作为内部工作,没有一线直接面向客户那样的压力,流程开发是完成上级交给的任务,其结果是流程交付与企业对外的产品有着较大的质量差距。

流程型组织中各部门是流程的上下游关系,内部互为服务,以去中心化运作,流程开发是为另一个部门交付一个产品,产品必须满足客户的需要才能被接受,不是上级交给的任务。这样,流程的开发与企业交付给客户的产品就没什么两样。

作为产品一样的流程建设,必然有着产品开发一样的工作内容,包括流程规划(产品规划)、流程建设团队(产品开发组织)、流程立项(产品立项)、流程项目(产品开发过程)、流程运营支持(产品服务支持)和持续优化(工艺改进)等过程。

一、流程规划管理

流程建设规划管理不是对某个流程的规划,而是流程管理部门对一群待解决的流程和IT问题进行统筹规划的管理。这种管理根据一定的方法,基于企业内部对流程和IT建设的需求,根据对流程建设项目进行识别、评估、分类、排序、组织、控制、引导和协调,使流程建设有序开展。

流程建设规划管理的目的和任务是:① 有效地指导各类流程和IT建设项目,保证各类项目按照科学规划的要求有序地进行开发和建设;② 保障各部门的流程和IT需求能够在资源最佳配置的情况下得以实现;③ 保障流程和IT项目的交付质量;④综合协调相关部门协同运作,保障用户满意度。

流程建设规划的主要类别有战略规划(Strategy Plan,SP)和业务年度规划(Business Plan,BP)。战略规划主要是要根据需要实现的需求以及市场分析结论,制订长期发展规划(如三至五年的规划),开发出这个规划的发展路标。业务年度规划是一个年度内要做的工作,是对路标在当年或近期工作的细化和管理,通常需要在上个年度结束、下个年度开始的阶段内完成。

二、流程建设团队

一般来说,流程建设团队可以分为以下几类。

1. 解决方案团队

解决方案团队的使命是针对流程项目的需求、问题和目标等,制订出一个解决的方案,包括Charter(项目章程)、工作计划、输出的流程文件、推行材料等,同时能够确保加以有效的执行和推行。解决方案的质量非常重要,如果质量不高、漏洞多,推行时出现的问题就会很多,给推行带来非常大的压力,因此解决方案团队的人员要求非常高,需要精通各部门业务的骨干人员参与。解决方案团队的角色包括项目经理、业务代表、变革经理、IT经理、流程经理、解决方案架构师、质量保证QA等。

2. IT开发团队

IT开发团队的使命是承接流程的需求,开发出配套流程执行的IT系统,解决执行效率和风险控制问题。IT开发团队的角色包括IT项目经理、业务代表、需求与规划代表、实施代表、服务代表、合作代表、测试代表、质量保证QA、配置工程师等,这些角色有些是面向项目,也有些属于公共资源。

3. 运营支持团队

运营支持团队是在流程和应用系统投入运营后,为业务流程和系统运营提供支持服务的人员,这个团队的成员包括版本经理、流程开发人员、流程文控人员、流程推行人员、应用软件维护人员、IT基础设施维护人员、数据和资料管理人员。

4. 合作公司

合作公司包括与项目相关的咨询公司、外包服务公司等。建立外部公司的合作关系，彼此相互配合、互换利益，可以更好地利用社会资源，吸收外部经验，传授最佳实践，解决流程建设攻坚阶段的资源投入问题。

三、流程立项管理

流程开发必须通过立项进行管理，否则工作的内容、期限、预算都会含糊不清，无法控制，也无法取得实效。

审核一个流程项目的内容有：① 项目总体目标、阶段性目标与任务。这些目标和任务要切合实际，不要承诺做不到的事情，所以需要有明确的目标来源和评估标准，以便项目结束可评估、可追溯责任。② 关键需求。立足于用户的角度来思考需求，将用户需求分析归类，找出最根本的 Top N 需求作为关键需求。主干流程如同高速公路，不是每个城市都要经过，否则就失去高速的意义了。③ 可行性分析。从技术上、经济上、管理上进行全面综合分析，对实施后的业务价值进行预测，在既定的范围内进行方案论证和选择，以便最合理地利用资源。④ 项目接受标准。一个项目如果没有接受标准（时间、内容等），项目的收尾往往是遥遥无期的，使得项目后期的成本巨大，超出项目预期的收益。⑤ 项目范围。确保项目包含且只包含达到项目成功所必须完成的工作。项目范围必须客观，很多项目迫于压力接纳了太多的工作内容，最终反而被"撑死"。⑥ 关联项目。是指与本项目具有相关性的项目，这涉及资源共享，不要让同样的内容在不同的团队中重复去做，例如供应商关系究竟让采购流程管理还是供应链流程管理，需要做出选择。⑦ 顾问、外包等采购需求，明确外包的内容和必要性。⑧ 预算。说明是预算评估和预算安排的主要依据。⑨ 拟定项目组和项目计划，列出项目开发要做的成员职责、主要工作和任务清单。⑩ 问题、风险和应对措施。根据项目风险识别和度量的结果，针对可能的项目风险提出项目应对措施，并制订项目风险应对计划的项目风险管理工作。

四、流程项目管理

项目管理通常被认为是项目领导对其成员完成项目而进行的管理。这种观点只是技术层面的，实际上项目管理还有更高的一个层面，即高层领导如何作为投资者进行关键控制管理，以保障投入资源的安全，并获得期望的回报。很多企业的流程建设出现虎头蛇尾现象，起初领导很重视，但随着项目的进展，领导的声音越来越少，大家渐渐感到领导不是那么重视了，于是越来越没有干劲。其实并非领导不愿意重视，而是项目的细节过程领导不可能参与，在项目管理过程中又没有设计一些关键环节向领导报告并卷入领导的决策意见，这样领导到后来不知道项目的实际情况，也就无从发表意见。所以，项目管理中非常重要的是在过程中设计和执行领导的决策点。

华为基于研发 IPD 的实践，在流程开发上也总结了一套管理方法，即将流程开发过程分为 Charter 开发、概念阶段、计划阶段、开发阶段、试点/验证阶段和推行阶段，在各重要节点上设置（Decision Check Point，DCP，决策控制点），构成项目的决策程序，如图 14.1 所示。

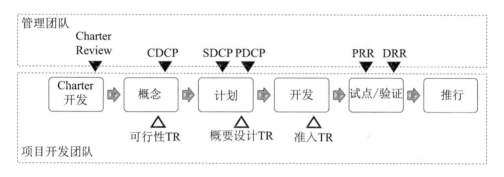

图 14.1 流程项目管理 DCP 分布

各 DCP 含义如下：① Charter Review，对 Charter 进行评审决策，确定是否立项；② CDCP（Concept DCP），概念阶段决策点，确定项目内容；③ SDCP（Solution DCP），对解决方案的决策；④ PDCP（Planning DCP），对项目计划的决策；⑤ PRR，试点准备度评估并决策；⑥ DRR，推行准备度评估并决策。

五、流程运营支持

运营是在流程运行期间的管理，这种管理不是被动性的，而是需要主动制定运营管理的目标并加以实现。被动性的运营管理会使得公司在资源配置上投入不够，影响运营服务的支持力度和客户满意度，进而导致流程工作被误解而失去应有的效果。流程运营工作包括如下内容。

1. 流程生命周期管理

流程生命周期管理是根据内在需求和外部条件的变化，对流程版本、IT版本乃至整个架构框架存续期的管理，包括变更管理、配置管理、资料管理、协同管理，适时推动新的变革，使业务需求和技术条件保持在最佳的匹配状态。

2. 流程客户满意度管理

流程客户满意度管理旨在通过连续性的定量研究，获得员工对流程及IT系统的满意度、使用缺陷等指标的评价，找出当前的核心问题，发现最快捷、有效的途径，实现最大化价值。

六、持续优化管理

持续优化管理包括流程持续优化和IT持续优化。① 流程持续优化：是在末端流程层面，并非流程管理部门直接参与，而是对这项工作进行统筹管理，形成自下而上、基层主导、小幅改进、聚少成多的流程优化。② IT持续优化：持续分析IT系统存在的问题，分析优化数据结构和应用系统功能设计，并结合新技术，持续优化IT系统。

第三节 流程、IT与企业架构

流程建设离不开IT的支撑，所以流程与IT不可分割，这一点现在已经被越来越多的人所接受。但是，"IT支撑流程"是一个相对性的概念，是因为当代大多数企业还是传统型企业，还是以"人"为主体的业务活动。但如果对于一个互联网企业，整个企业都是用IT对社会服务，是将传统的商业流程转变为虚拟经济为前端的新型业务模式，如网店交易、共享租车、O2O订餐等，在这些技术控眼里，是"流程支撑IT"。

所以我们应当确立这样的认识：IT是企业重要竞争力，如同现代战争不再是直接接触的肉搏战，未来企业内外的协同完全是工具化的，使效率达到极致。短期看，IT支撑流程落地，有限度地改善业务逻辑关系；长期看，越来越多的规则被固化，IT系统拥有更多的业务知识，是流程支撑着这个庞大体系的建设。

那么，是否意味着企业多买一些各种应用软件，如ERP、CRM等，就可以了？这些可以解决短期的需求，但从长远看，混搭的系统还不是一家企业长远的整体解决方案，在数据共享、分析挖掘、新技术特性应用等方面存在缺陷，不能充分发挥IT应有的功能。企业的IT系统建设需要量身定制，要建立自己的企业架构，支撑长远发展。

企业架构（Enterprise Architecture，EA），是指对企业IT系统中具有体系的、普遍性的问题而提供的通用解决方案，更确切地说，是基于业务导向和驱动的架构来理解、分析、设计、构建、集成、扩展、运行和管理IT系统。基于这个架构来选择应用和技术平台，才能设计出与流程相匹配的IT系统。

企业架构可以分为业务架构和IT架构两大部分。① 业务架构：是把企业的业务战略和价值链转化为流程架构，此外也包括业务的运营模式、流程体系、组织结构、地域分布等内容，以便业务的各种适配需要。② IT架构：指导IT投资和设计决策的IT框架，是建立企业信息系统的综合蓝图，包括数据架构、应用架构和技术架构三部分。业务架构与IT的三个架构并称4A（企业架构的四个组成部分）。

1. 业务架构

业务架构（Business Architecture）的主体就是流程架构，它是业务的分类框架，也是IT资源的划分参考。如果按照其他标准来划分IT资源，如按照ERP、CRM、OA等应用范围来划分，这样IT资源的逻辑与企业自身的流程就不一致，会加大IT随流程变化而更改和定制的难度。业务架构与IT资源划分可能做不到绝对对应，但至少要以业务架构为目标。

2. 应用架构

应用架构（Application Architecture）是描述了IT系统功能和技术实现的内容。表面上看，应用架构就是让软件系统实现流程的各个功能模块，支持每一项业务活动，但实际上为了这些功能的实现，应用系统还必须进行合理优化，如对于记账、审批、结算这几个活动，在计算机实现上就分成了存储、查询、计算、通信等不同操作，组合完成这些活动。没有提炼出这些基本操作，原封不动地把业务逻辑搬到技术逻辑上，软件开发是低效的。因此，需要有这样的团队进行应用架构分析后，再开发应用软件程序。

3. 数据架构

数据架构（Data Architecture）是企业对使用业务数据的统一规划。不同的业务和应用系统中，很多数据本质上是相同的，例如合同信息既是销售阶段与客户谈判的数据，也是交付阶段的验收参考数据，还是财物结算所需要的数据，这些数据在不同的系统中可能有不同的存储、命名和结构，导致数据不同，甚至产生矛盾，有时还需要多重录入，降低效率。因此，统一数据结构、建立企业内的数据定义和使用规范是十分有意义的，甚至这种规范做得好，成为客户、供应商和行业标准，那样对企业的商业地位是十分有利的。所谓"一流企业定标准、二流企业做品牌、三流企业做产品"，可以看出数据架构做得好，其意义有多么大！

4. 技术架构

技术架构（Technological Architecture）是企业整个或部分技术系统的底层技术组合设计，为应用系统以及数据管理提供先进的基础支撑，是技术开发的骨架。技术架构设计者更多地关心技术前沿而不是内部业务，因而与应用架构和数据架构的分析设计人员是不同的团队。

第四节　流程监督的三重防火墙

流程建设完成后不要急着推行，监督措施不到位，推了也白推。流程执行不能保证都能执行到位，不论是有意还是无意，都有违反流程制度的行为会发生，如果对这种行为不去检查、制止、纠正和处罚，人们会觉得绕过流程成本很低，效仿和传播将会很快，这样流程就形同虚设。

流程监督需要设置三重防火墙，防止违规行为的发生。

一、IT 固化的规则

第一道防火墙是依靠 IT 系统将业务规则（操作规范、数据合规性等）固化到业务操作必须使用的软件系统中，利用计算机自动进行控制，符合规则的往下走，不符合的停住，直至问题被纠正。

之所以要将 IT 作为第一道防线，是因为这是效率和安全性最高的方式，可以大大减少错误的发生和工作量投入。诚然 IT 解决不了所有问题，但始终要将此作为工作目标，持续增加业务规则，尽量多地解放人为的工作。

作为企业高层管理者，通过 IT 进行流程监管需要注意：① 密切关注流程监督的 IT 保障。流程监督实际上是在业务执行中增加监督环节，会影响业务执行的速度和效率，如果没有有效手段提高效率，增加的监督工作就成了业务的负担，因此得不到效率保障的流程及监督不应当推行。② 从长远看，要有企业自身的企业架构规划，量身定制 IT 系统，不能完全依赖外部软件。③ 要培养员工持续改进文化，并给予制度保障。很多业务规则来源于基层，要有通道让他们的规则迅速在 IT 系统中得到体现。

二、例行检查

例行检查是定期地对流程执行情况进行检查。由于 IT 系统不能解决所有监督问题，有些错误需要通过人工复查。例如，质量保证 QA 进行的规范性检查、内控工作中的流程遵从性测试、重要岗位离职离岗的审计等，对部分或全部样板进行检查，事前、事中或事后发现问题，进行整改。

以华为进行的遵从性测试为例，做个简要介绍。遵从性测试（Compliance Test）是指独立测试人员定期选择一定的业务样本，对照流程要求进行遵从性检查，以发现流程执行中是否存在缺陷和问题。遵从性的原则有：① 测试机人员要独立；② 要精心设计测试计划，包括样本选择、覆盖范围、测试要素、检查标准等；③ 测试要遵从经济性原则。

遵从性测试的步骤可以按如下方法进行：① 制订遵从性测试计划。内控团队与业务共同协商测试计划（如每三个月一次），制订测试计划，内容主要包括测试范围、测试标准和方法、测试环境与辅助工具、测试完成准则、人员与任务表等。② 选择测试用例。测试小组各成员依据测试计划的要求，收集测试用例。③ 执行遵从性测试。测试小组各成员依据测试计划和测试用例执行遵从性测试，将测试结果记录在测试报告中。④ 缺陷管理与改错。分析所发现的流程执行缺陷，分析原因，给出流程遵从性评估及改进建议。

遵从性测试的作用有：① 及早发现违规的业务操作，弥补损失；② 教育示范作用，惩戒不良行为，培养流程遵从意识；③ 发现业务漏洞和薄弱环节，推动改进；④ 评估各部门流程管理水平，作为考核依据。

三、非例行审查

例行检查通常是有明确的检查点和检查要求，这也不能保证覆盖所有问题，有些重要问题发生在非检查点，也有一些故意规避检查点的变相违规行为，因此还需要进行一些非例行的审查，如根据举报线索进行定点问题的稽查，或者随机抽样进行内部审计。

以内部审计为例，这项工作是对被审单位的资料做出证据搜集及分析，以评估财务状况，然后就资料及一般公认准则之间的相关程度做出结论及报告。审计主要以财物为目的，但其中包含了运作审计（作业审计），检讨组织的运作程序及方法，因此也可以作为流程监督的参考。华为不是上市公司，但仍然每年组织抽样一些部门进行内部审计，其发现的问题多数与流程有关，推动了流程优化。

第五节　流程推行——没有硝烟的战争

我们遇到的很多失败是可以再来的，考试没考好可以再考，产品没做好可以重做，但有些事情如同打仗，失败了可能就没有第二次机会了。流程推行是变革的关键时期，这个时候有"阵痛"，但不能长时间痛着，更不能二次、三次地痛，必须快速解决，并达到效果，否则流程就不是"武器"，而是"枷锁"，使企业陷于对立和反抗的情绪中。

战争有战争的规律，这些规律用到流程推行也是一样的，必须清楚为谁而战，不打无准备之战。

一、思想阵地

思想决定行动，因此首先必须明确流程推行是为了谁。很多人觉得流程是为了公司方便管理，所以是强推的，自己处在下级，只能接受罢了。这种心态会觉得所推行的流程不是自己"亲生"的，不去投入较多的关注，自然也就不会提出改进意见，悉心培育流程的发展。

流程是使用者的武器，虽然它不是战斗者自己造的，但一旦拿到自己手中，就是自己的。所以流程推行的责任人不是公司高层领导，也不是流程开发部门，而是业务部门自己,是各个流程领域的负责人(Owner)。华为推行的每一项流程,首先是与业务流程的 Owner 进行沟通,立下军令状,担负流程推行的责任,完成权力棒的交接。

除了业务领导担起责任外,还要组织好整个体系和部门的认知和理解,将责任层层下达,同时通过大量的"松土"和宣传,提前告知流程推行的意义和内容,让各级员工在思想意识上有所准备,安排好工作计划,根据手中工作性质的不同,选择不同的处理策略,如有些工作尽量往前赶,在推行前做完,有些工作可以往后安排,等到推行后按新流程来操作,尽量避免那些被新旧流程切割的情况出现。

"松土"和宣传要运用多种手段:① 面对面的宣传。可以运用互动的手段一次性帮助受众解决理解上的困难,因此需要在各级组织开展一些交流研讨会。② 面向大众的宣传。可以通过传播媒介,如海报、宣传册等印刷媒介和电子邮件、内部网站、专题多媒体等电子媒介,利用受众的时间碎片进行宣传。

二、解决方案

解决方案包括推行的流程本身,也包括推行的策略和方法。解决方案要有十足的把握,因为没有试点前,流程不能大面积推行,没有针对推行单位的具体情况进行梳理适配,也不能推行。推行如同战争,必须速胜,没有时间在战斗中修改作战方案。

为了做好方案推行工作,必须对每一个实施单位进行业务调研,识别业务场景和差异化的业务规则,分析业务需求,特别是方案中未包含的场景,完善解决方案,并排查切换过程中的风险,准备好应对方案。另外,流程角色与各个推行单位的人员岗位也要进行匹配,适应各自的组织结构特点。

三、战前准备

推行是一场战役,需要认真仔细地做好战前准备工作,必须从道、天、地、将、法五个方面考察准备情况。"道"是员工思想已经得到统一认识,对推行目的和意义有了初步的了解,对这项工作充满期待,责任意识到位;"天"是指时间掌握得是否恰当,例如是否避开了业务高峰期;"地"是指各个部门的实际情况，方案是否得到适配；"将"是指推行核心人物是否已经准备好，如推行种子，一旦推行中遇到困难，这些种子可以在第一时间帮助解决；"法"是指与流程配套的组织结构、责权划分、岗位职责、管理制度、资源保障、风险对策等是否进行了调整，适应推行的要求。对这五个方面的准备缺一不可，否则就不能胜利。

四、推行指挥机制

推行项目的自身管理也要井然有序，才能保证大规模推行工作的顺利进行，为此，项目团队需要：① 建立推行运作机制，明确项目推行中的各因素的结构、功能及其相互关系，以及这些因素产生影响、发挥功能的作用过程和作用原理及其运行方式，即各种资源、要素如何协同运作。② 制订推行计划及计划的执行监控，根据推行目标确定总体步骤，将工作分解到人并明确责任，建立追踪机制。③ 组建及管理推行团队人力资源，包括项目推行管理团队、各子项目的项目经理、业务分析小组、系统开发及配置组、用户培训组、系统部署组、项目监督组等。④ 确定和管理推行目标范围，把不适用的流程排除在推行范围之外，这有助于流程执行者聚焦于职能范围，提高用户满意度。⑤ 确定推行质量标准及管理推行质量，以保障推行效果。⑥ 组织开工会（Kick-off Meeting），使项目团队成员互相认识，沟通项目情况，落实具体项目工作。⑦ 推行保障和助跑，即推行切换日的数据检查、切换日数据跟踪、推行后数据爬坡期的管理等。⑧ 推行总结与关闭，在推行项目全部完成后进行回顾检查、分析评价，从而肯定成绩，得到经验，找出差距，得出教训和一些规律性认识的必要工作，使下一次循环有个更好的起点。

第六节 数据的价值

流程推行后，以什么衡量变革效果？当然我们可以定义各种各样的指标，但前提是这些指标得有数据，准确的数据！这并不是一件轻松的事，传统的做事习惯可能阻碍着正确数据的获得，而到头来人们往往不去指责这些陋习，反而让流程背锅，说是流程不好导致的。

例如，华为在LTC推行后就发现这一现象：配套的IT系统提供了各类报表，那么销售会议就可以对着报表分析业务情况。但实际情况是各个销售团队依然如故，召集相关人一起开会，因为每个人负责的项目数据都装在自己脑袋里，开会时往外一倒，似乎很爽快，去看报表反而不习惯，要在一堆陌生的报表中去找需要的。其实，新生事物总有着面纱，不去揭开看看怎么知道报表的神奇：准确、灵活、快捷，也不会那么容易被忽悠了。

也有人抱怨，报表不是不想用，而是那里的数据离谱啊，怎么能用呢？其实，汽车都有磨合期，何况那么多人为操作的IT系统呢？数据离谱正是查找流程中问题的时候，因噎废食只能使流程的作用被荒废。

2018年年初的一天，华为发出内部电邮通知（华为司发通知【2018】015号）《对经营管理不善领导责任人的问责通报》。通报显示，因"部分经营单位发生了经营质量事故和业务造假行为"，华为公司对主要责任领导做出问责，"任正非罚款100万元；郭平罚款50万元；徐直军罚款50万元；胡厚崑罚款50万元；李杰罚款50万元"。这可能是任正非仅有的一次自罚，但背后的原因竟然是有一些代表处虚增订货经营数据造假。为什么别人数据造假，任正非却要自罚？因为数据这种事，领导不认真看，造假行为就根治不了，这一点任正非非常清醒，自罚本质上是提醒各位高管：数据质量从领导做起。

为了使各个销售管理团队能够改变习惯，将报表数据利用起来，华为用了最"简单粗暴"的方法：考核。这个考核很简单，是考察各级销售会议有没有看报表，要求秘书记入会议纪要存档，报表内容正确与否不主要，先看标准动作，把习惯改过来。

在无生命的流程型组织中，规则高于一切，以数据说话。虽然规则不可能涵盖所有的行为规范和协同需求，但有规则的地方，则规则优先。

1. 用数据说话

流程在人们的工作之间传递的是交付件，这些交付件要有质量标准。客户的需求是什么？不能含糊，有明确的需求收集标准；产品的功能特性有哪些？不能给个大概，要有量化程度。管理大师爱德华兹·戴明说："除了上帝，任何人都必须用数据说话。"现代化企业无不是站在数据的基础上向前发展的。

2. 用数据决策

很多人对决策的认识是千军万马中楚霸王的挥剑长舞、关云长的骑马挥刀，但真正的长胜之军靠的不是这些英雄人物。企业的决策也要靠数据，合同盖章不能凭领导空口白话，对客户的承诺不能先斩后奏，一定要有数据记录：什么时候、哪些人参与了决策，按下了确认按钮，IT 系统记录下来，才能往下执行。对于决策后发现的问题，可以依据记录进行追责，防止问题责任人的侥幸心理，这样决策者更有责任心，决策质量能够越来越高。

3. 用数据管理

用数据管理就是科学管理，是企业管理的终结模式，凡是管理没有数据就不科学。企业犹如一个人的肌体，健康的生命在于各项指标的平衡，只从一个人胖瘦的体形上是无法判断他内在的问题的。

4. 用数据创新

创新是一种质变，任何事物都是质和量的统一体，没有量变就没有质变。一家企业没有对客户需求的收集，没有内部管理经验的积累，光凭一个创新的点子就能获得竞争优势，那是不可能的。相反，一家企业坚持量变，时间长了必然会发生质变，走到行业发展的前列，成为创新的领头羊。华为二十年默默无闻地努力，没有高呼口号，无意间人们发现它已经远远地走在前列了。

第七节 流程运营，让伙夫上前线

什么是运营？形象地说，就是让一台机器一直运转着。但如何运转？让人一直推着吗？这样的话，这个推动的人必须不停地做着同样的事，如果是一个经济人的话，可以以此换取一份工资，但对于流程型组织那种追求自我实现的人来说，这是不可持续的。因此，流程运营不是完全靠人来运营就行了，还要运营出花样来，使得运营不是运营，而是创造。

李云龙的队伍之所以战无不胜，在于他嗷嗷叫的精神，即使是伙夫也愿意拿着刀上战场。华为的伙夫们经营的食堂，不仅仅是为员工做好饭菜就行了，还要做得最好，做得在网上流传，让别的企业羡慕嫉妒恨，这样，华为的伙夫们也就做出了第二职业：间接地为华为招来更多的人才。所以，一家企业的好坏，不是看它的产品多么先进,而是看它的食堂是否整洁明亮,看它的办公环境是否鲜花盛开,看看宾客来了是否有人主动端茶送水。如果在这些最不被人重视的流程上都努力创造着价值,这个企业岂有不向上发展之理?

很多企业满足于运营创造的现金流,这无疑是温水煮青蛙似的慢性自杀。流程运营不是一家企业的最终目的,企业的目的是要开疆拓土,寻找蓝海。当然,企业也不能一直在找蓝海,打一个城池,丢一个城池,也要停下来把占领的城池经营好,将其转化为继续进攻的粮草供应基地,这才是运营的目的。为什么华为没有像很多企业那样追求重资产,而是将重心投入研发,就是因为认识到企业的使命就是寻找蓝海,开疆拓土,不能躺在历史的老本上吃运营的饭,要不断对运营进行革命,不断释放战力。

每一个部门在运营自己的业务流程时,自始至终要做的事情就是改进。当然,这种改进要有策略,不要眉毛胡子一把抓,一口气吃成胖子,可以采用 Top N 改进的方法,持续滚动进行,在潜移默化中从量变转向质变。

Top N 问题改进是一种简单易行的持续改进管理方法,定期开展,例如,按季度、半年度或年度滚动。它是将当前发现和需要解决的问题罗列出来并进行排序,排列在前 N 个问题需要立即启动解决,即为 Top N 问题。这种方法本质上是要求抓住主要矛盾和矛盾的主要方面,集中资源先解决重点问题,再腾出精力解决次要矛盾和矛盾的次要方面。

Top N 的日常管理总体上可以分为两个级别进行。首先是部门级别梳理 Top 问题,即在特定的时期(如年末总结)各部门定期梳理当前存在的问题,包括上一期未解决的问题以及当前新发现的问题(但不含已有专项工作组解决或并入其他工作范围的问题),对问题清单进行重要性排序,确定本期 Top N 问题。

其次,公司汇总各部门 Top N 问题,并加入自己发现的问题,形成公司级的问题清单,排序后形成公司级 Top 问题,列入规划由公司牵头解决。未列入公司 Top N 问题的,且在既有流程架构内可以解决的问题,反馈提出部门仍然由其进行优化。

部门对其所属二级部门、三级部门也可用此方法,自下而上梳理 Top N 问题,然后向上收敛,形成上一级部门的 Top N 问题。属于哪个层级部门的 Top N 问题,就由这个部门组织资源加以解决。

Top N 的数量根据具体情况确定，如上级要求、自身解决能力等，可以选择 Top 3、Top 5 或者 Top 10 等。

Top N 问题改进是一种管理机制，它要求循环地进行，每一轮 Top N 问题改进工作时首先要回顾上一轮 Top N 问题的解决情况，并进行考核，没有完成的 Top N 问题改进要深入追究原因所在，避免问题周而复始、悬而不决。

附加篇 | 流程型组织孕育——中小企业流程化运作

华为的成功可以表明：流程型组织必将成为一种趋势，管理权与指挥权的分开运作、相互协调可以穿透企业科层制顽疾，突破管理瓶颈，成为企业做大做强的一条发展道路。但是，对于广大中小企业是否适用？诚如本书开始部分提及的"企业规模与依赖度关系"，企业在发展之初更需要组织的灵活性和个人的能动性，僵化的流程反而可能扼杀幼小的企业，那么，中小企业还要不要搞流程？

流程存在于业务，中小企业也是有流程的，只不过这个时候并不需要用如此厚重的方法管理流程。虽然管理能够产生效益，但企业内部资源还不够多，不具备产生规模效益的条件，这时的当务之急是让主营业务继续突飞猛进，以时间换空间，聚集更多的资源。

中小企业在发展初期并不需要将流程作为第一要务，把精力优先放在主营业务上，但管理者心里应当明白流程在未来的作用，一方面防止业务过度依赖组织与个人，另一方面在工作中可以逐步引入部分流程做法，例如，注重计划，抓住关键控制点等，为将来的流程与组织变革做好铺垫，减少阻力。

第十五章 中小企业的策略选择

中小企业有中小企业的特点,犹如大海中的舢板,撞不过坚固的大船,却身轻如燕,因此要发挥灵活性的特点。要灵活就不要死板,不要太守规矩,在不违反国家法律法规的前提下,不走常规之路,往往能够出奇制胜。但是,要取得什么样的胜利?这不是赌运气,而是要心中有谱,以时间换空间,先做大、再做强。

第一节 中小企业的流程管理特点

中小企业是指人员规模、经营规模相对较小的企业,一般根据企业从业人员、营业收入、资产总额等指标,并结合行业特点进行界定,其特点是在经营上多半是由业主直接管理,受外界干涉较少。

流程型组织由于涉及流程管理问题,可以从流程这个专业角度给予判定,即从价值链范围、管理层级和业务场景角度考察,与大型企业相比,中小企业存在显著的差别,具体表现在以下几个方面。

一、中小企业的价值链基本活动非常简单

价值链基本活动是指企业价值链的业务主线,如"研发—市场—销售—交付—服务"这样的价值增长过程。中小企业由于没有足够的资源在这些链上全面铺开,只能选择一部分,例如有的侧重研发,产品的生产让其他企业代工,销售也通过渠道,有的侧重销售,只要有客户需要,到处采购产品转手,赚个差价。所以,他们的价值链就是一个环节,而企业的价值必须放到社会产业链中,才能

附加篇　流程型组织孕育——中小企业流程化运作

与其他企业一起构成价值链。

这当中当然也有不少中小企业是"麻雀虽小，五脏俱全"，各色部门一个都不少，但这要看这些部门是否独立行使职能，从职能的专业化角度，自主地持续提高管理能力。如果一家企业是以生产为导向的，企业以生产功能加入社会产业链中，虽然它有销售部门，但这个销售部门所做的都是配合生产这项主业，为所生产的产品联系买家，属于支撑活动，而不是主链上的基本活动，其能力不足以影响生产部门，他们的主管往往也不在同一个级别上。

由于中小企业的价值链十分简单，在流程管理上价值链层面的流程架构也就失去了意义。有人担心没有流程架构可能使一些业务界定不清晰，但这恰恰是中小企业还不需要划分那么清楚的时候，例如上述例子中，那个生产导向的企业，它的销售活动并非出于真正专业的销售要求，只是为生产的产品寻找或维持连接关系，这时候把它独立成一个销售流程，反而使生产和销售结合的不是那么密切，它此时需要的是生产流程中带一点点销售功能即可。

二、中小企业管理与指挥合一权力体系的效率更高

虽然中小企业可以设置财物、人事等各种职能部门，但整个组织形式上并不需要形成矩阵结构，而是以科层制那种形式即可。科层制是行政效率非常高的一种组织形式，只是层级多了以后才出现副作用。但是中小企业的组织结构一般远未达到让科层制暴露副作用的程度，企业主一般通过一级中层管理者就能管到每一位员工，此时何须"钦差大臣"呢？

企业采用管理权与指挥权合一的科层制，是否违背"以客户为中心"的原则，变成以老板为中心呢？其实，老板作为企业创办人，其利益与客户是统一的，老板必须以客户为中心，企业才能生存，所以此时以老板为中心也是以客户为中心，况且，像乔布斯这样的老板，简直就是客户的导师。郭士纳提出以客户为中心，背后的潜台词是以客户为老板，因为企业大了，郭士纳这个老板并没有能力驱动每一位员工，因此要把老板的权力让给客户。当企业不是很大时，乔布斯这样的老板更好。

三、中小企业依据场景管理流程更有效

高速公路建在哪里？一定是道路错综复杂的地带。如果在人烟稀少的地区，

普通公路也是够用的。流程的高速公路也是这个道理，一定是业务场景复杂时，例如，有大量不同产品、用不同的方式、销售给不同的客户，如果按"一种产品＋一种客户＋一种营销方式"的场景建立流程，那样公司的流程就会呈几何级数增长，所以我们必须用主干流程的方法，用"公共路径＋末端适配"的方法建立和使用流程，提高管理效率。如果是中小企业也搞大企业这样的主干流程，把业务方方面面的变化因素都考虑进去，那么一件简单的事情反而需要很多无谓的检查，得不偿失。

如果中小企业不建流程高速公路，会不会流程越来越复杂而变成企业的障碍呢？只要我们有了面向未来的大流程意识，可以在基于场景的流程建设方法上逐渐转变过来。例如，我们分清主场景和次要场景，就可以以主场景的流程作为高等级公路，次要场景向主场景靠拢，逐渐把主场景流程升级为主干流程；或者也可以在场景密集区先行合并，分段建立主干流程，最后连接起来。

第二节 以时间换空间

战争之道，一个部队都必须有预备队，因为战场上可能会发生非常诡异的事情，统帅的一个微小的决策可能会对整个战争格局产生巨大的影响，所以预备队的作用可想而知，如果一支部队被打光了，还能够剩下预备队顶上，或许就能翻盘。小企业与大企业对阵，无论自己的战力如何优于对手，但面对对于一波又一波的攻击，自己是消耗不起的。大企业即使采用消极的"以空间换时间"的战法，也能拖死小企业。所以，小企业必须采用"以时间换空间"的战法，集中一个目标全力以赴，快速突破，以阶段性胜利换取资源，再进行整合优化，具体地说，就是先不顾一切取得某个领域的胜利，使得别人在这个领域内刮目相看，吸收一定的资源，如人才、投资者等，利用对手来不及反扑的时间，整合这些资源，建立制度流程，使得运作更有效率，当再次决战时，自己的力量已经上升了一个台阶。

也就是说，中小企业在创业初期，不用过分注重那么严谨规范的流程管理，通过业务上的小有成功，吸引更多的资源，再来考虑标准规范的流程化管理。那么，究竟要做到什么程度才可以呢？可以从以下几个因素来看。

附加篇　流程型组织孕育——中小企业流程化运作

1. 业务多样化

企业一开始的业务肯定是单一的，如产品只有一个，或者销售模式只有一种。那种一开始什么都做的，要么是还没想清楚，要么是不让人看清楚（另有目的的障眼法）。正常的企业好好做，就会从单一业务发展到多元业务。当业务多元化之后，就有资源共用的问题。产品 A 和产品 B 是否需要完全独立的两套人马？如果是，这与两个企业有什么差别？企业的效率来自于资源的复用，产品 A 和产品 B 如果有部分人马是相同的，这样企业的成本才能降低，才能获得竞争力。

当企业需要研究这些资源如何组合复用时，就开始涉及流程问题了，所以业务多样化是一个必要条件。由此可见，企业的首要问题是多发展一些业务，在一定业务支撑的基础上进行流程建设和管理，才能有显著的收益。

2. 职能专业化

很多企业创业之初所有事情老板都能包下来，因为那时的业务场景很简单，老板们稍微看一些书就能了解个大概，诸如账本如何记、怎么看，原材料价格是多少，等等。但是，企业大了就越来越复杂，不是一个人的知识就能解决了，例如，需要管理会计进行精细的规划和核算，这就需要非常专业的人士了，因此大企业的财务部不是老板想干就能干的。

当企业拥有了各种各样的部门和专家后，问题来了：这些专业知识并不相同，财务专业的不会去学材料成本，生产研发的不会去学销售，人力资源的只会选育用留，一旦企业需要拉通起来干一件事时，大家就推脱，没人干得了了。此时，企业就需要用流程来拉通这些业务了，围绕每个企业各自的战略价值观，用个性化的流程来黏合各种专业职能，形成价值链。

3. 组织多层化

当组织的人员越来越多，由于管理跨度问题，必然管理层次越来越多，这时候科层制的弊端就开始显现：底层员工离老板太远，管理权与指挥权合一形成的绝对权力，导致各级员工以领导为导向，"大企业病"问题开始出现。显然，这个时候开始可以实施流程型组织改造，遏制科层制的发展。

华为双向指挥系统——组织再造与流程化运作

第三节 三思后行，减少试错

中小企业以时间换空间的前提条件是以胜利为保障，但是胜利是必定能获得的吗？很多企业拼死一搏，但是幸存的可能性不大，因为企业从小到大不是一个坎要过，研发、销售、内部管理等，一个坎过不去就前功尽弃。在中国，每年约有100万家企业倒闭，民营企业的平均生命周期只有2.9年，存活5年以上的不到7%，10年以上的不到2%！换言之，中国超过98%的中小企业成立十年内都会走向死亡。

面对企业需要迈过的一个个坎，用试错的方法是无益的，特别是对于中小企业。大企业财大气粗，损失一点经受得起，小企业不可轻易拿生命冒险。兵家历来善谋划者胜，因此中小企业特别需要先谋后动。

如何谋也？这就需要用到流程，谋划也有流程。谋划是一次决策，需要基于大量信息进行分析，这个信息量是越多越好、越多越准确。但是，现实情况是不可能一下子收集到足够的信息，或者收集到足够的信息，但花费的时间太多，等收集到了，黄花菜都凉了，这就是很多人放弃谋划，选择试错的原因。其实，这是他们没有掌握谋划的流程方法。

流程就是分阶段的活动，我们把收集信息和分析决策这个活动进一步分拆成几个小活动，即进行三次决策，每一次过滤掉一部分信息，这样总的信息收集量就降了下来。具体地说：①第一步解决这件事（如投资或启动一个项目）要不要做的决策，即回答Why。这时，信息收集量就围绕Why这个主题，如行业趋势、市场动向、竞争对手、可行性分析等，不用非常具体的细节信息，这样信息量不用那么大，第一个决策就解决了，如果要做，继续收集信息，如果不做，剩下的信息也不用花时间收集了。②第二步解决这件事做什么的决策，即回答What。这时，信息收集量就围绕What这个主题，如做哪些功能，基于当前的条件先做哪些，未来做哪些等，也是靠这些局部的信息，就可以进行第二次决策。同样，确定做哪些功能，则继续收集与此相关的信息，如果不做，剩下的信息也不用收集了。③当确定了做什么，剩下的就是怎么做了，即How的问题。这时由于功能非常明确，与之相匹配的资源就容易确定，第三次决策就可以轻松进行了。

Why、What、How，三思而后行，这就是华为运用 IPD 的部分核心内容。华为的研发在此三思之后再开始启动开发工作，确实提高了工作质量，确保大部分工作一次性成功，避免试错造成的浪费，华为可以做到，其他企业做不到吗？换一下思路，一定能做到！

虽然标准的流程管理体系需要等企业上了一定规模后才较合适，但不代表流程的方法中小企业不能用，像上述这种三段决策的方法就可以用在任何业务和工作决策中，如与一个大客户建立关系、新产品项目研发、服务能力构建、供应商关系、成本节约项目等内部和外部的工作决策，而这种三段决策的科学性本身就会为企业培养严谨、认真的做事风格，这也是流程文化的基础。

第十六章 中小企业流程化运作的要点

中小企业虽然可以不急于建立体系化的流程架构和分层分级的流程，但流程化机制仍然有必要尽早培养，在平日的问题攻关中贯彻 Why-What-How 以及 P-D-C-A 的做事流程，就可以自然形成良好的习惯，保障企业逐渐做大并向流程型组织发展。作为管理者，掌握以下要点，可以较好地使中小企业进行实质上的流程化运作。

第一节 树立信仰，不做山大王

企业的根本目的是什么？就是为了盈利！这似乎是天经地义的答案。但是，现实中很多企业就是死在逐利的道路上，例如很多企业为了股价的上升，竭泽而渔，透支盈利能力，反而导致过早地消亡。西方世界有关 Stockholder（股东）和 Stakeholder（权益关系人）之争持续了很多年，企业究竟是为了股东还是社会责任而存在，虽然这个问题在 2019 年 8 月 19 日的美国商业圆桌会议 BRT 发布的新的公司使命宣言中给出答案，将"企业的本职工作就是为股东赚钱"的旧目标扔到垃圾桶里，但仍然不少人认为这只是一句口号，企业怎么能不把投资者的利益放在首位？这样企业岂不还没能为社会提供服务就死亡了吗？

真的是这样吗？中国人将 Enterprise 命名为"企业"有着特殊的智慧。"企"者，踮着脚尖，把脚后跟提起来，可以站得高一点，看得远一点，是对未来的企盼和企望。企业是要往远处看的，不是为了逐利。企业获得利润是附加的属性，例如满足客户的解决方案中有利润高的，有利润低的，这时候我们选择利润高的，与客户双赢。如果事情还没考虑清楚，先定股价应该多少，这就把次要属性放在了首要地位，那些曾经远远领先华为的通信厂商，如北方电信、摩托罗拉、朗讯（贝尔实验室前身）无不因为股东的压力导致没有持续投入研发，才给了华为发展的空间。

华为也有股东，只不过华为的股东不是真正意义上的股东，他们只享受股东的一项权益：分红，而并不能对企业的决策产生影响。能够产生影响的是客户，一切以客户为中心，这就把企业存在的价值融入社会，因为有社会责任而存在。这的确需要这个企业的老板有理想、有情怀，真正地为事业而奋斗。其实，怀有理想和情怀的企业家不止任正非一个，可以说有千千万万，但是在企业就是逐利的思想影响下，很多人没有走在正确的道路上。中国共产党领导的军队在建立之初和很多山大王在势力上可能差不多，但所差别的就是中国共产党领导的军队是一支有思想、有信仰的队伍。中小企业可以走向辉煌，也可能是山大王的下场，取决于是否为一番事业而奋斗！

中小企业要做大做强，就应当抛弃山大王思路，以为客户服务、实现自身价值的思想观引导企业员工，而不是单纯地为了钱、为了老板而奋斗。具体地讲，要从以下两个层面确立经营的指导思想。

1. 以客户为中心，将业务融入社会价值链

如果一家企业是为事业而奋斗的，必然以为客户创造价值为首位，所做的事都是端到端的，并且融入社会价值链，这是流程型企业的基础。抱着捞一票就走的思想，社会不会一直给他敞开大门，真心实意想干一番事业的人，也不会因此而获得稳定的根基。

2. 以奋斗者为本，凝聚最优秀的人才

基于共同创造而不是股东利益为上，这样的工作环境才是员工实现自我价值的土壤，是流程型组织的必要条件。中小企业担心自己的人才问题，其实最重要的是机制是否吸引人，是否给员工发展的空间。早年的华为也吸引不到一流的人才，但任何人到了这样的环境，就能生龙活虎。

第二节 客户指挥，价值管理

中小企业暂时不需要指挥权与管理权分开的双向管理阵式，但在双权集于

一身时，仍然要分清楚管理权和指挥权的区别与作用。指挥权是指做业务始终要以客户为中心，只有客户才能提供一家企业的容身之处；但另一方面，企业也要有效管理好资源，在为客户服务中也要使自己的努力得到正向的回报。这两件事说起来容易，做起来难，因为很多人听从客户指挥，却被带到沟里，全力以赴为客户服务，到头来自己亏个底朝天。

一、听从价值客户的指挥

客户的需求并非都是合理、真实的，他们想象不出 iPhone，他们会随大流，因此他们的需求并不一定能引领企业走向行业发展的高地。很多创新的点子来自于内部专家站在客户的视角去研究，当然研究的结果也要经得起客户的验证，但是这种验证也得找对客户，如果找一个保守的客户，他对一切新生事物都会说 No。

如何寻找真正有价值的客户？美国学者埃弗雷特·罗杰斯（Everett M.Rogers）于 20 世纪 60 年代提出的创新扩散理论提供了一个比较好的方法。他通过研究得出，消费者有五种类型：① 创新者（Innovator）。大胆，热衷于尝试新观念，有更多见多识广的社会关系，这部分人群约占 2.5%。② 早期采用者（Early Adopters）。地位受人尊敬，通常是社会系统内部最高层次的意见领袖，这部分人群约占 13.5%。③ 早期大众（Early Majority）。深思熟虑，主动与社会沟通，但很少居于意见领袖的地位，这部分人群约占 34%。④ 晚期大众（Late Majority）。疑虑较多，通常是出于经济必要或社会关系压力，这部分人群约占 34%。⑤ 落后者（Laggards）。因循守旧，局限于地方观念，比较闭塞，参考资料是以往经验，这是剩下的 16%，如图 16.1 所示。

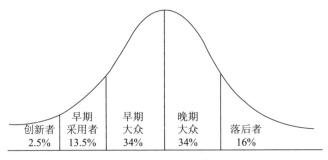

图 16.1　创新扩散曲线

由此，企业需要分清自己的产品阶段与客户群的关系，早期创新设想的验证没有被普遍接受，但是并没有关系，要看看是否抓住了那2.5%的创新者，如果这部分人能够接受，那就是抓住了未来。有很多企业一开始就瞄准大众客户，因为他们基数大，但其实是抓不住潮流的。

二、以投资眼光做事

管理权要保证企业做的任何事情都要有效益，提高资源的效率。任正非说："正职必须要敢于进攻，是狼的标准；副职一定要精于管理，是狈的行为。"华为的大部门都有正副职，中小企业有时可能正副职集于一身，连长政委一起干，但不能只指挥打仗，不顾生活琐事。

精于管理就得会算账，做什么事情都要像一个投资者，以客户的需求为导向是没错的，但不能半路牺牲了自己，也不能将成本转嫁给客户，所以必须向自己要效益，通过管理提高效益。例如，对于销售业务，我们可以把一个年度销售作为当期的一个投资项目来看，算清楚不同客户的成交概率、毛利润即对费用和人员的关系、季节和实施阶段等，有了这个计划再去执行，而不是一开始就甩开膀子干，到了年底再看结果。那些拍脑袋就干的莽夫，担当不起业务的大任，也不会成为未来流程建设的中坚力量。

第三节 甘当乌龟，赢在最后

"龟兔赛跑"是一则家喻户晓的寓言故事，故事中一只骄傲的兔子输给一只坚持不懈的小乌龟。有人会说，兔子中途睡了一觉，输了比赛，只是一次意外，论实力，乌龟仍然比不过兔子。其实，兔子输给乌龟是必然的，每个物种都有它的优势和劣势，像兔子这样的动物，包括猎豹、狮子等，短时间奔跑的速度是极快的，但体力在短时间内急速消耗，会很快机理失衡，所以它们是短跑冠军，却不是耐力冠军，兔子要睡一觉调整是必然的。很多企业一开始突飞猛进，获得了短跑的桂冠，但很快发现内部管理跟不上，没有后劲，于是停下来调整，坐看别人赶上来和超越自己。

我们说，进攻是最好的防御，但这是战略层面，从战术上讲，恰恰是反过来,防御是最好的进攻。狮子捕猎的对象往往都有强健的体魄,如非洲野牛,比力气的话狮子并不占优势,但狮子有耐心,等着猎物露出破绽,例如,当猎物离开群体孤立无援时,一击制胜。《孙子兵法》里提出:自古善于用兵作战的人,总是首先创造自己不可战胜的条件,保障自己没有破绽,并等待敌人露出破绽,则可取得胜利。战胜不了敌人不是因为敌人强大,而是自己有问题;能够战胜敌人的原因不是自己强大,而是敌人给了我们以可乘之机。所以,善于作战的人要能够保障自己不败,但能不能战胜敌人还要看时机,胜利可以预见,却不能强求。狮子从来不会因为饥饿而冒险进攻,因为那样丢了性命就再也没有下一个机会了。

所以中小企业的经营要学乌龟。乌龟没有兔子那么活泼可爱、引人注目,但这与胜利何干?"忍者"才能成为"神龟"!抢了眼球的人,算不上高明之人,古之真正善于用兵的人,没有智慧过人的名声,没有勇武盖世的马上功夫,他们打胜仗的秘诀是谋划周全、措施得当,不出任何闪失,他们所战胜的是已经注定失败的敌人。所以作为一家企业经营者,首先要默默无闻地使自己始终处于不被战胜的境地,这样才能抓住一个一个战胜对手的机会。

乌龟的行为特点是慢,慢工才能出细活,这就是工匠精神。现在很多企业都经过了 ISO 9000 质量认证,但大多数都是为了弄个资质,没有真正按照标准去做,不愿意花费那么多时间精力。但实际上不追求质量标准,就会使企业的产品和服务出现很多破绽,令客户不满意,是注定的失败者。

一家企业也只有具有"忍者"之性才能建设好流程。流程就是一个慢工出细活的工作,默默无闻地堵住业务的每一个漏洞,最终达到不战而胜的效果。没有破绽的业务流程才可以保障在运作过程中达到最高的效率,让对手感到雷霆之势,就像积水从千仞高的山涧冲决而出,势不可挡,这是企业经营的最高境界。

如何让一家企业"慢"下来,能够稳中求胜?这需要经营者克服焦躁的心理,从以下方面切实做到:① 战略明确而细致,不求一日即登顶,制定步步为营的策略。② 坚持做到"三思而后行"的方法,分步骤决策,提高前期的决策质量。行动上也以谨慎的原则,从试点到推广,慢工出细活。③ 确保监督到位,虽然增加了监督成本,但可以提高工作质量,消除破绽。监督要独立,特别是领导不要被具体工作深度缠绕,而是适度把握关键环节。④ 适时检查瓶颈问题,必要时优先解决。

有人担心,以乌龟的速度前进,是否会走不到目的地就被饿死?这涉及战略制定问题,在乌龟前进的道路上就要设计好口粮。任正非说:"华为是在攀登珠峰的路上沿途下蛋。"他举例道:"我们说无人驾驶,其实是一个珠穆朗玛峰,是一个领袖型产业。我认为无人驾驶是基础研究,支持科学家为理想而奋斗。暂时,不要去做商用产品,先让科学家一心一意研究科学,不要顾及商业利益。沿途下蛋,将来即使是我们不能在马路上无人驾驶,可以在生产线上使用,管理流程中使用,低速条件下的工作中使用⋯⋯各种东西都可以引入无人驾驶这个思维概念,但是它不一定就是无人驾驶。无人驾驶就是爬珠峰,爬山过程中,有人可以半路去放羊,有人可以半路去挖矿,有人可以半路去滑雪⋯⋯把孵化的技术应用到各个领域中,这就是'沿途下蛋'。"

华为的沿途下蛋,就是要制定切实可行的战略,一路前进,一路收获,用上半程的收获作为下半程的粮食。历史上每一次远征都极其消耗国力,即使赢得战争,也消耗了经济基础,有些还导致覆国,因此善于打仗的军队总是在战争中解决粮草问题。

第四节 合规经营,控制风险

合规经营的必要性不言而喻,法制建设的日趋完善只能让违法违规成本越来越高。但是,中小企业能力导致的生存空间普遍窄小,条条框框的限制可能会让一些中小企业感到窒息,应该如何应对?

如果遇到政策风险而想继续开展业务,有两个方法可以考虑,第一个是风险接受(Risk Acceptance),这是由企业自己承担风险事故所致损失的一种财务风险管理技术,其实质是将企业自身承受的风险以及生产经营过程中不可避免的财务风险承受下来,并采用必要的措施加以控制,如重点关注和跟踪,明确责任人,以减少风险程度或减少不利事项的发生。例如,涉及与美国贸易禁运国的贸易,是否应当做呢?不做有业务损失,做了面临罚款的处罚,这时候可以比较利益和损失再做决定。当然,有时候面临的处罚可能不确定,美国政府可能处罚一定金额,也可能限制供应垄断性原材料,导致休克性创伤,因此需要谨慎对待。

第二个方法是申请例外,就是向法规制定方提出申诉,晓以利弊,争取例外处置。有时候法规制定方没有权限处置或修订法规,这时还要上述至上一级管理机构,直至有管辖权的裁决者。当然,这种方法也是要有相当的成本,可能是金钱上的,也可能是时间、精力上的,还有可能是"不可能"的。

无论哪一种方法,突破政策界限都是有相当大的代价的,这正是政策导向的作用。政策导向下必然参与者众多,竞争激烈,但这也会促成产业的完善,为业务流程化运作提供相对稳定的环境。相反,那些政策禁区,往往是高风险地带,政府为了安全有时候宁可牺牲效率,如果涉足其间有极大的不确定性,也不会带来业务的稳定。因此,中小企业的经营要融入社会大流程中,要研究政策导向及趋势,让自己的业务跑在最通畅的航道中。

企业做好合规管理需要从以下几个方面入手:① 管理好风险因素,即通过企业风险问题排查,对比政策法规的要求,确定需要关注的风险问题,落实专人监督和协调企业风险活动,管理好业务单元和职能风险。② 管理好内部规章制度,利用内外部政策调节业务重心,并适度灵活地进行管理。③ 制定风险补救应急措施,提前部署,建立和维护社会支援力量的关系,确保调查、响应、整改的措施的迅速到位。④ 对内普及合规意识,确保每一位员工都能维护企业利益,避免引燃灾害的火星。

在企业大规模进行流程建设之前,内部政策就是不成文的流程,因此中小企业做好合规性,可以培养以制度管理企业的意识,保障企业发展的稳定性、连续性,为企业打好流程建设的基础。

第五节 不让雷锋吃亏,不让犹大逃脱

流程型组织需要的那种自我实现的人是一群什么样的人?按照马斯洛需求层次理论,其实每个人基本都可以是,只不过大多数人由低层次向高层次发展,先满足低层次需求,再向上追求,少部分人可以不顾低层次需求而直接追求高层次需求。所以,这一人性决定了追求自我实现的人才并不稀缺,关键看能否将其激发出来。华为员工就其工资而言并不高,这部分只能满足低层次需求,但华为另外分配了高额的奖金以及分红,这些是对为自我实现而奋斗的回报。如果一家

企业只支付与劳动付出等量的报酬，永远不可能使员工成为奋斗者。

但自我实现奋斗者们的收入不是天上掉下来的，他们必须比常人创造更多的价值，公司才能有相应的收入给予回馈。如何创造这些比常人更多的价值？只有一个答案：不走寻常路。

我们从小接受的教育就是好好学习，做个好学生，工作后首先要做好本职工作，在每个岗位上成为状元。这种思路一代又一代地培养着遵规守纪的学生和员工，但过于循规蹈矩并不利于企业的创新。与大多数企业不同，华为对员工的考核不是按照固定的岗位职责要求，而是在项目中的贡献（所谓项目都是为解决特定问题的从无到有的创造性工作），固定的岗位职责是最基本的，做得再好也只是及格水平，高绩效来自于创造性的贡献。这是华为从西方学来的管理方法，弥补了东方教育的不足。

也就是说，流程型组织并非要求每个员工循规蹈矩地绝对遵从流程，而是要有创造性地遵从。遵从流程本身是一种契约精神，是对既成约定的遵守，但现实中很多问题可能会突破原有框架，于是需要我们不断打破旧框架，重建新框架，这就需要那种有闯劲的人。

不受拘束的人有两种，一种是正向积极的，为组织主动添加贡献的；另一种是破坏性的，损人利己。这两种要主动识别，分别采取措施。

一、不让雷锋吃亏

一个组织或者个人的贡献很难精确评估，不然稻盛和夫搞了那么多年阿米巴会计，在算清部门之间利益关系的同时，不忘进行思想教育，即所谓"一手算盘，一手论语"。把一个人放在项目组中，在没有岗位职责那样明确的要求下，真的能把他的贡献评估得很清楚吗？不可能的！因此在项目组中必然有人滥竽充数，也有人甘当老黄牛。企业必须把老黄牛找出来，给予表彰，才能鼓舞士气，使榜样精神得以传播。

"我们提倡学雷锋，但绝不让雷锋吃亏！"雷锋精神被任正非拿来作为企业管理的核心理念，"我多次提到，华为是没有文化的，都是从世界的先进文化借鉴来的，就像洋葱一样，剥一层是日本的，再剥一层是欧美的……再剥一层是孔夫子，再剥一层是反对孔夫子的。只要是好的，我们都要吸取，包含爱立信、阿尔卡特、朗讯、思科、微软，他们优秀的管理也要吸取。剥到最后，剩下的核心是很小的，就算是华为文化吧，就是奋斗精神和牺牲精神。"而要让奋斗循环和持久，就不能让"雷锋们"吃亏、不能让奋斗队伍"贫血"作战。

"我们呼唤英雄，不让雷锋吃亏，本身就是创造让各路英雄脱颖而出的条件。雷锋精神与英雄行为的核心本质就是奋斗和奉献。雷锋和英雄都不是超纯的人，也没有固定的标准，其标准是随时代变化的。坚持以奋斗者为本，多劳多得，你干得好了，多发钱。我们不让雷锋吃亏，雷锋也要是富裕的，这样人人才想当雷锋。"

为此，华为实行长期激励与短期激励相结合的机制，一方面敢于提供优于行业的薪酬待遇、大胆实施股权激励，即使在早期负债累累、资金捉襟见肘时也是如此；同时，华为在内部设置各种荣誉奖项，明日之星奖、蓝血十杰奖、金牌奖、从零起飞奖、天道酬勤奖、优秀家属奖等。

二、不让犹大逃脱

企业经常会遇到"内奸"问题，将企业的知识产权、商业机密等重要信息通过明的、暗的方式窃走，形成新的竞争对手，是对企业一个非常大的威胁。当前信息技术手段多样、灵活，对信息泄露的防范似乎也找不到什么好的方法，但即使再难，也要对此重视起来，一个小的疏忽就可能引起资产、投入等的巨大损失。

华为对信息安全问题极为重视，制定了严格的信息安全管理制度，内部工作网络实现对外隔离，禁止非授权的复制、外发、拍摄、录音行为，经常性地开展违规案例处罚宣传，通过法律途径打击侵犯知识产权行为，极大地减少了严重信息泄露事件的发生，保障业务安全。

另一种不良影响可能不一定是有意识的，例如，部分员工可能在网络上散布不满情绪，或者也有刻意散布虚假消息进行破坏的，这就要求企业要有舆情管理机制，主动干预，纠正错误的舆论导向。

结束语

少将连长——
继续进行的流程征途

流程型组织是华为强大的管理体系，以班长的力量带动身后庞大资源的运作，实现现代化的业务运作模式。但是，随着越来越多的业务进入无人区，仅仅靠班长领队是不够的，因为班长只是执行任务，不能独立地寻找新的目标，带领团队继续前进。能够引领企业走向新目标的是战略规划能力，但这种能力不能只存在于总部，而是要一线指挥员也要有攻坚克敌，杀伐决断能力。

2019年7月19～20日，任正非在华为"运营商BG组织变革研讨会"上说道："我们改革的目的是为了简化作战管理，简化层次，'权要听得见炮声，钱要体现公司意志'。我们既要把权力给到最前方，让他们在一定范围内有战斗权力、战役权力、战略的准备权力，也要承担责任，也要有平衡，这样才有利于作战。"为此，华为将进行新一轮机构改革，在基层大量培养"少将连长"，让大量"将军"在前线，而不是在办公室。

这种指挥权力下放对流程建设必将造成影响，因为指挥源将大大增加，业务需求将更复杂，很多工作可能不能到高速公路上绕一圈，而是在局部就要完成，所以不是靠流程适配就能轻易完成的。未来流程的主干流程作用、集中式的监管、端到端全程的响应速度等是否能够满足市场需要，都要经历考验，道路建设的重点可能不再是高速公路，而是城市内的立交桥、单行线布局。

世间万物都一直在变，唯一不变的是变化自身。华为的流程型组织实践自然还没有终结，流程型组织能否更灵活、更高效？能否把诸如阿米巴组织中的优点吸收进来？未来技术成果对流程型组织有何颠覆式影响？一切都在进行中……

参考文献

[1] 孙武. 孙子兵法 [M]. 刘智, 译注. 长春: 吉林美术出版社, 2015.

[2] 戴维斯. 消失中的美国股份公司 [M]. 孔令强, 殷燕, 译. 北京: 华夏出版社, 2019.

[3] 水藏玺. 业务流程再造 [M]. 北京: 中国经济出版社, 2019.

[4] 科特. 权力与影响力 [M]. 李亚, 王璐, 赵伟, 等, 译. 北京: 机械工业出版社, 2013.

[5] 宋志明. 中国传统哲学通论 [M]. 北京: 中国人民大学出版社, 2013.

[6] 程东升, 刘丽丽. 华为三十年 [M]. 贵阳: 贵州人民出版社, 2016.

[7] 李书玲. 组织设计: 寻找实现组织价值的规律 [M]. 北京: 机械工业出版社, 2016.

[8] 罗宾斯, 库尔特. 管理学 [M]. 13版. 刘刚, 程熙镕, 梁晗, 等, 译. 北京: 中国人民大学出版社, 2017.

[9] 戴晨. 打造流程型组织 [M]. 北京: 知识产权出版社, 2018.